KB234797

PEEP^{피프}

넷플릭스·애플·구글의 성공비밀 엿보기

PEEP ^{피프}

이종만 지음

정일

다음은 영국 잉글랜드에 있는 코번트리Coventry 마을에서 전해 내려오는 고다이버 부인Lady Godiva의 전설입니다.

11세기 중엽 영국 런던에서 북서쪽으로 120㎞쯤 떨어진 코번트리 마을에는 가렴주구苛斂誅求로 악명 높은 레오프릭Leofric 3세라는 영주가 살았습니다. 그의 두 번째 부인인 열일곱 살 밖에 안된 고다이버는 마을사람들의 고통에 가슴 아파하며 남편에게 세금을 가볍게 해달라고 간청하였습니다. 그러나 레오프릭 3세는 베갯머리송사조차도 쉽게 받아주지 않았습니다. 그는 어린 고다이버 부인에게는 불가능해 보이는 다음과 같은 제안을 하였습니다. "마을사람들에 대한 사랑이 진실이라면 그 진실을 몸으로 직접 보여라. 벌거벗은 몸으로 말을 타고 나가 마을을 한 바퀴 돈다면 마을사람들의 세금을 낮춰주겠다."
고다이버는 갈등과 고민 끝에 남편이 내건 제안을 받아들여 새벽에 마을을 돌기로 결정하였습니다. 이 이야기를 전해들은 마을사람들은 모두 고다이버의 따뜻한 마음에 보답하기 위하여 부인의 모습을 내다보지 않기로 약속하였습니다. 마을사람들은 집의 창문을 걸어 잠그고 커튼으로 가렸습니다. 호기심 많은 양복 재단사 톰Tom만 제외하고.
결국 마을사람들은 세금을 경감 받았습니다. 그러나 톰은 하늘의 벌을 받았는지 아니면 분노한 마을사람들에 몰매를 맞았는지 알 수 없지만 눈이 멀었다고 합니다. 이것이 바로 훔쳐보기의 대명사를 피핑 톰Peeping Tom이라고 하는 연유緣由입니다.

호기심은 본능입니다. 이것은 호기심을 완벽하게 제거할 수 없다는 것을 의미합니다. 따라서 우리가 할 수 있는 바람직한 선택은 호기심을 코번트리의 톰처럼 지나치지 않게 조절하는 것입니다. 만약 그럴 수 있다면 우리의 삶은 분명 더 즐겁고 풍요로워질 수 있습니다.

다행히 그렇게 할 수 있는 희망이 있어 보입니다. 영화 스토커One Hour Photo에서는 피핑Peeping이 극단적인 범죄의 한 형태였지만, 이창Rear Window에서는 살인 사건의 범인을 찾아내는 중요한 요소였습니다. 다소 억지스런 주장 같지만, 저자는 후자와 같은 긍정적인 호기심으로서의 피핑을 기대하며 이 책의 제목을 지었습니다.

이 책은 간접 경험을 통한 비즈니스 통찰력 제공이라는 장점을 가진 하버드비즈니스리뷰Harvard Business Review: HBR의 프레임을 따랐습니다. 다만 저자는 HBR보다는 조금 더 친절해지고 싶었습니다. 그래서 넷플릭스, 애플, 구글의 각 사례에서 서비스 산업, 공급망관리, 협상, 인터넷 광고와 같은 핵심 키워드를 뽑아냈습니다. 그리고 각 키워드를 알기 쉽고 자세하게 설명하려고 노력하였습니다. 이런 접근 방법이 IT 기업의 성공 스토리에 관심이 있는 독자들에게 가독성을 높이는 계기가 되길 희망합니다.

이 책은 저자의 독창적인 지식이나 주관적 견해를 제시하는 내용보다는 이미 발표되었거나 검증된 다양한 자료들을 하나로 정리하여 종합한 내용들로 구성되어 있습니다.

저자는 각 자료의 인용引用을 꼼꼼하게 달려고 노력하였지만, 완전하지 않을 것입니다. 혹시 불명확하거나 문제가 되는 부분이 있다면 언제든지 알려주시기 바랍니다. 그럼 다음 개정판에 꼭 반영하도록 하겠습니다.

마지막으로 이 책을 내기까지 도와주신 많은 분들에게 감사의 말을 전하고 싶습니다. 철없던 대학원 시절에 비즈니스 사례 강의의 모델을 몸소 보여주셨던 KAIST의 김영걸 교수님과 밤이 깊어가는 줄도 모른 채 사례 분석에 몰두했던 당시 팀 멤버들에게 감사 드립니다. 이 책은 그와 같은 저자의 경험을 배경으로 하고 있습니다.

그리고 가족보다도 더 많은 시간을 보내는 동양미래대학 인터넷비즈니스과 교수님과 학생들에게 감사의 말을 전합니다. 특히 박종학 교수는 e-비즈니스 사례 집필의 기폭제를 점화시켜 주었습니다.

또한 방학 중에도 글을 쓰느라 항상 컴퓨터 앞에만 있는 남편을 늘 지지해주는 아내, 사랑을 충분하게 전해주지 못해 미안한 아빠를 열렬하게 응원해 주는 우리 아이들, 그리고 우리 부부를 낳고 길러주신 부모님과 장인 장모님께 미안한 마음과 고마움을 전하고 싶습니다.

이 책을 출간하도록 허락해 주시고 여러모로 도와주시는 정일의 이병덕 사장님과 정일 가족들에게 감사 드립니다.

이외에도 다 열거할 수 없을 정도로 많은 분들의 도움으로 다 차려진 밥상에 저는 숟가락만 하나 올리며 합류하였습니다.

이종만

차 례

Part 3 공대가면 바보일까?

인터넷광고의 이해 ·· 251

부록

윌리엄 더건William Duggan은 전략적 직관Strategic Intuition이란 예기치 못한 상황에서 머릿속에 머물던 작은 점들이 순식간에 연결되어 오랫동안 고민하고 있던 문제를 풀 수 있는 하나의 커다란 아이디어가 명확하게 떠오르는 섬광 같은 통찰력Flash of Insight이라고 정의했다. 전략적 직관은 본능적이고 즉흥적으로 느끼는 감정인 육감Sixth Sense과도 다르며, 능숙해질수록 비슷한 문제들을 더 빨리 해결할 수 있는 패턴을 인식하는 순간적인 판단인 전문가 직관Expert Intuition과도 구분된다.

마이크로소프트의 빌 게이츠를 예로 들어 보자.

1970년대 초, 빌 게이츠Bill Gates가 다녔던 고등학교에는 DECDigital Equipment Corporation사가 공급한 PDP-8 미니 컴퓨터가 있었다. 그것은 당시 가장 싸고 작았지만 상업적인 성공을 거둔 최초의 컴퓨터였다. 빌 게이츠는 PDP-8 미니 컴퓨터에서 베이직BASIC이라는 컴퓨터 언어를 이용하였다.

1972년에 인텔이 마치 PDP-8 전체를 칩 하나로 줄인 것과 같은 8008 마이크로프로세서를 출시하였다. 빌 게이츠는 8008 마이크로프로세서를 이용한 베이직 프로그래밍을 시도하였으나, 성과는 미미하였다. 이후 빌 게이츠가 고등학교를 졸업하고 하버드대학교에 들어간 이듬해에 인텔은 새로운 8080 마이크로프로세서를 출시하였다. 빌 게이츠는 또다시 8080 마이크로프로세서 사용설명서를 바탕으로 베이직 사용 가능성을 고민하였다.

그러는 와중에 MITSMicro Instrumentation and Telemetry Systems사가 8080 마이크로프로세서가 내장된 알테어Altair라는 이름의 컴퓨터를 발표하였다. 그것은 PDP-8과는 달리 책상 위에 올려놓을 수 있을 정도로 작은 크기였다. 빌 게이츠는 MITS사에 전화를 걸어서 알테어 사용설명서를 받아 6주 동안 알테어에 적합한 베이직 프로그램을 코딩하였다. 그 결과 빌 게이츠는 MITS와 소프트웨어 관련 계약을 체결하게 되었다.

전략적 직관 관점에서 빌 게이츠의 이야기를 정리해 보면, 빌 게이츠는 자신이 발명하지 않은 알테어 컴퓨터, 8080 마이크로프로세서, 베이직 컴퓨터 언어, PDP-8 미니 컴퓨터 등 4가지를 조합하여 알테어와 계약을 할 수 있었다. 그런데 알테어 계약이 바로 빌 게이츠의 전략적 직관에 대한 한 예가 된다. 왜냐하면 빌 게이츠는 알테어와의 계약을 계기로 자신의 목표를 수정하여 생각지도 않았던 마이크로소프트사를 만들 수 있었기 때문이다.

《제7의 감각 전략적 직관》에서 윌리엄 더건은 새로운 아이디어가 어디서 오는지에 대해서는 설명하지 못했다. 그러나 그 문제는 다음과 같은 몰입이란 개념을 통해서 어느 정도 해소할 수 있다.

몰입Flow이론의 창시자인 미하이 칙센트미하이는 의식이 경험으로 꽉 차 있는 상태인 몰입 때 자신이 느끼고 원하고 생각하는 것이 조화를 이루며 하나로 어우러진다고 했다. 또한 미하이 칙센트미하이는 명확한 목표, 적절한 난이도 그리고 결과에 대한 빠른 피드백이 몰입의 수월성을 높인다고 주장했다. 《몰입》에서 황농문 교수는 미하이 칙센트미하이의 세 가지 조건 충족이 미흡한 상황일지라도 몰입시간을 늘릴 수 있다면 동일한 수준의 몰입 결과를 얻을 수 있다고 했다.

그렇다면 여기서 말하는 몰입의 결과란 무엇일까? 황농문 교수는 몰입상태에서는 두뇌 활동이 극대화되어 평소에 어려웠던 문제를 쉽게 풀 수 있기 때문에 자신의 가치가 상승하게 되고 삶의 만족도 높아질 것이라고 말했다. 이것은 몰입의 결과가 전략적 직관으로 표현된다는 것을 의미하는 것이다.

그런데 몰입을 통한 전략적 직관에는 몇 가지 전제조건들이 있는 것 같다. 그 조건들을 쉽게 인식할 수 있는 책들을 다음과 같이 추천한다.

• 요네야마 기미히로, 《머리가 좋아지는 하루 습관》, 예인, 2009.
• 토니야 레이맨, 《왜 그녀는 다리를 꼬았을까》, 21세기북스, 2009.
• 정철, 《불법사전》, 리더스북, 2010.
• 마이클 샌델, 《정의란 무엇인가》, 김영사, 2010.

첫 번째 《머리가 좋아지는 하루 습관》은 아이디어 발상의 장소인 뇌를 젊게 하는 생활습관을 소개하고 있으며, 두 번째 《왜 그녀는 다리를 꼬았을까》는 상대방의 숨겨진 마음을 가늠해 볼 수 있는 몸짓 심리학에 관한 내용이다. 세 번째 《불법사전》은 120개의 단어에 대한 새로운 정의, 그 단어에서 꼬리를 물고 파생되는 새로운 생각들을 제시하여 상식과 고정관념을 깨는 준비를 가능하게 하는 책이다. 마지막에 소개한 《정의란 무엇인가》는 기존의 사고방식을 뒤집는 논리를 전개한다는 점에서 《불법사전》과 유사하지만, 그 소재가 우리에게 다소 어려운 '정의Justice'라는 추상적인 개념을 사용하고 있다.

비즈니스 사례 연구는 위에서 기술된 내용에 대한 사전 숙지 및 실천을 요구한다. 왜냐하면 비즈니스 활동은 살아있는 유기체처럼 실천적이고 응용적 성격이 강하기 때문에 각 기업들은 비즈니스 관련 이론의 숙지보다는 문제해결능력의 배양을 요구한다. 그런데 비즈니스 사례 분석 연습은 그런 문제해결능력을 향상시키는데 더없이 좋은 도구가 될 수 있다.

Part 1

다윗은 골리앗을 이길 수 있을까?

다윗과 골리앗의 싸움에서 목동이었던 다윗은 키가 훨씬 크고 힘도 센 골리앗의 단점을 찾아내 골리앗의 이마에 돌멩이 하나를 맞혀서 단숨에 골리앗을 쓰러뜨렸다. 이 싸움의 승자는 결국 다윗이었다.

이번에 여러분이 만나게 될 기업은 넷플릭스다. 넷플릭스는 블록버스터라는 거대 기업이 미국 비디오 대여 시장을 사실상 지배하던 1997년에 설립되었다. 넷플릭스는 블록버스터라는 골리앗을 상대로 어떤 돌멩이를 던졌을까?

 넷플릭스 사례

나의 넷플릭스 매니아 지수는 몇 점?

넷플릭스를 처음 들어본다고요?
걱정하지 마세요. 책장을 넘기면 재미있는 넷플릭스의 성공 스토리가 흘러나오니까요. 넷플릭스의 성공 이야기를 읽다 보면 복잡한 비즈니스 세상 속에 흐르는 핵심 개념이 머리에 쏙쏙 들어와 쉽게 이해할 수 있어요.
먼저, 당신의 넷플릭스 매니아 지수부터 알아볼까요?

질문 1. 넷플릭스사의 창업자는 누구인가?

질문 2. 넷플릭스의 의미는 무엇인가?

질문 3. 넷플릭스의 인터넷 스트리밍 서비스 이름은 무엇인가?

질문 4. 넷플릭스에서 6년 동안 부사장으로 일했던 레드박스의 최고
경영자는 누구인가?

질문 5. 넷플릭스가 수요가 많은 DVD 혹은 신작 DVD의 배달 순서
를 임의로 통제하거나 조작한다는 것을 의미하는 용어는 무
엇인가?

답

1. 마르크 랜돌프Marc Randolph, 리드 헤스팅스Wilmot Reed Hastings, Jr.
2. 인터넷Internet에서 따온 '넷Net' + 영화를 의미하는 영어 속어인 '플
릭스Flix'
3. 인스턴트 큐Instant Queue
4. 미치 로우Mitch Lowe
5. 트로틀링Throttling

개인 영화 도우미의 힘!

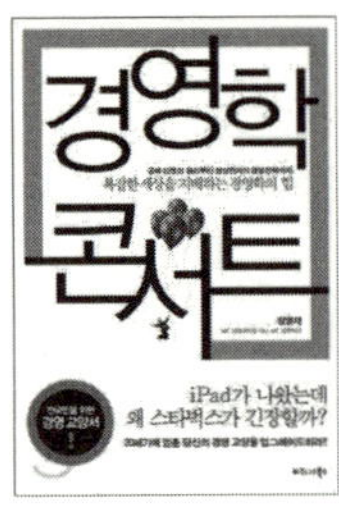

도서명 : 경영학 콘서트
지은이 : 장영재
출판사 : 비즈니스북스

'골리앗을 쓰러뜨린 넷플릿스Netflix의 돌멩이!'라는 도전적인 멘트가 눈길을 끈다. 《경영학 콘서트》에서 장영재 박사는 다윗과 같은 넷플릭스가 시네매치CineMatch라는 돌멩이로 당시 골리앗과 같은 블록버스터Blockbuster를 무너뜨렸다고 말한다. 여기서 시네매치란 다른 회원들의 방대한 영화 리뷰를 분석하여 개별 회원의 취향과 감성에 어울리는 영화를 추천해 주는 개인 영화 도우미 시스템이다. 더 나아가 장박사는 시네매치의 성공 배경으로 집단지성Collective Intelligence 개념을 지목한다.

12년이 지난 지금까지는 넷플릭스를 창업한 리드 헤스팅스의 창조적인 도전이 성공으로 평가받고 있다.

미국 이민 생활 힘들지만 유일한 낙樂, 넷플릭스가 있다

"넷플릭스란 무엇인가?"라는 원초적인 질문에 대한 답을 멋지게 하고 있는 ('샌프란시스코에서 DVD 빌려보기'라는 제목으로 작성하여 cafe.naver.com/volunteerusa.cafe에 2010년 4월 15일 올린) 다이앤님의 넷플릭스 소개 글을 엿보기로 하자.

굿 모닝! 여기는 샌프란시스코입니다. 미국에서도 주말에는 극장이 붐비는데요. 극장에 가기보다 방콕하기 좋아하는 가족에게 최고의 오락거리는 바로 DVD입니다. 몇몇 IT 회사에서 영화 다운로드 서비스를 시작했지만, 뭐 활성화까지는 아닌 것 같고요 샌프란시스코 도서관에서 무료로 DVD를 빌려주기 때문에 영화에 대한 욕구 해소를 할 수 있기는 합니다. 그래서 오늘은 미국생활에서 DVD를 빌려보는 것에 대하여 말씀드릴께요.

사실 미국에서는 영화를 인터넷으로 주문해서 빌려보는 것이 아주 인기랍니다. 내가 원하는 DVD를 신청하면 순서대로 우편으로 보내주고 다 보고 나면 동봉한 봉투에 담아서 반송하면 다음 DVD를 받아 볼 수 있는 아주 편리한 방식이죠. 물론 따로 우편요금도 내지 않는답니다.

인터넷 DVD 대여 서비스를 처음 시작한 넷플릭스www.netflix.com는 원래 시장의 강자였던 블록버스터보다도 더 많은 종류의 DVD를 가지고 있고 독립 영화나 다큐멘터리, 쉽게 접할 수 없는 외국 영화까지 볼 수 있다는 강점을 가지고 있습니다. 또한 영화 취향을 분석해 추천해주는 획기적인 서비스도 있어서 고민할 필요 없이 아주 편리하게 영화를 고를 수 있습니다.

넷플릭스 홈페이지. 마침 새로 출시된 영화에 우리나라 '비정지훈'의 '닌자 어쌔신ninja-assassin'이 있어서 첨부해 봤습니다. 하하.

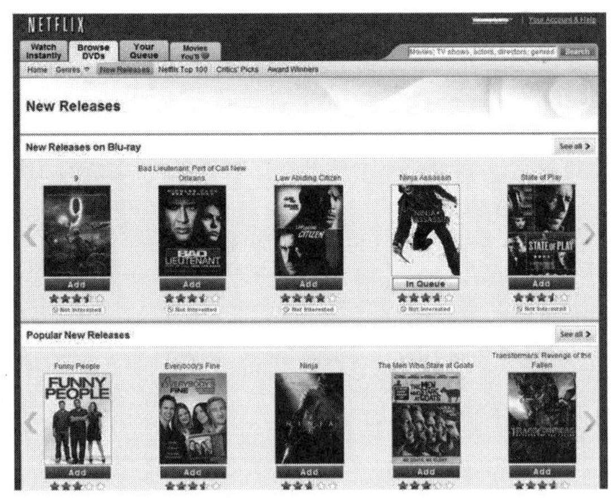

넷플릭스의 경우 자신만의 영화 순위를 입력해 놓으면 그 순서대로 보내주는데요. 회비는 한 달에 15불 정도(한 번에 두 편씩 빌려 볼 수 있음). 대부분은 하루 만에 받을 수 있어서 저 같은 영화 매니아에겐 정말 대단한 서비스라 돈이 아깝지 않습니다. 사실 울 신랑에

게 미국에 살고 싶은 중요한 이유 중 하나를 들라면… 이라는 질문
에 서슴없이 이 넷플릭스 서비스라고 말하죠. 하하하.

아참 이 넷플릭스는 연체라는 것이 없습니다. 돌려 보내지 않으면
다음 영화가 오지 않으니까 자연적으로 손해를 보니까요.

미국에서 영화를 합법적으로 감상할 수 있는 방법이 바로 이 인터
넷 대여인데요. 저의 경우 처음 미국에 이민 왔을 때 이 넷플릭스
를 통해 본 영화 덕분에 (항상 영어 자막을 틀어 놓고 좋은 표현 나
오면 받아 적곤 했으니까요) 듣기부터 영어 회화 실력을 늘리는데
도움이 되었던 것 같습니다.

영화 매니아라면 미국에 계시는 동안 기회를 놓치지 마시고 넷플릭
스 서비스를 이용하시는 것도 좋을 것 같습니다. 1930년대 영화까
지도 찾을 수 있고 한국 영화도 있어서 미국인 친구들에게 가끔 틀
어주면 뿌듯하거든요^^ 참고로 넷플릭스가 보유하고 있는 영화는
약 10만개랍니다. 엄청나죠~~

넷플릭스란?

넷플릭스를 주마간산走馬看山처럼 둘러볼 수 있는 웹사이트가 있다. 바로 넷플릭스 누리집인 www.netflix.com과 누구나 자유롭게 글을 쓸 수 있는 사용자 참여 온라인 백과사전인 www.wikipedia.org이다. 아래 내용은 그 두 사이트의 내용을 중심으로 재구성한 것이다.

넷플릭스는 미국 캘리포니아주 스코트벨리Scotts Valley에서 마르크 랜돌프Marc Randolph와 리드 헤스팅스Wilmot Reed Hastings, Jr.가 1997년에 공동 창업한 전자상거래 기업이다. 넷플릭스는 영화를 의미하는 영어 속어인 '플릭스Flix'에 인터넷Internet에서 따온 '넷Net'을 접두어로 붙여서 만든 명칭이다.

자료원 :
http://www.nydailynews.com/money/2009/03/31/2009-03-31_watch_out_renter s_netflix_plans_a_rate_h.html
http://abcnews.go.com/Business/CEOProfiles/story?id=6823376&page=1

마르크 랜돌프(왼쪽)와 리드 헤스팅스(오른쪽)

이름에 담긴 의미처럼 넷플릭스의 초기 목표는 창업 당시 미국 오프라인 비디오 대여 시장의 지배자였던 블록버스터Blockbuster Inc.와는 사뭇 달랐다. 넷플릭스는 인터넷 웹사이트와 우편 배달을 조합한 새로운 형식의 영화 DVD 대여 서비스를 목표로 삼았다. 이를 위하여 넷플릭스는 먼저 1998년 4월에 www.netflix.com이라는 이름의 웹사이트를 오픈하였다. 이후 넷플릭스는 월회비를 내는 사용자가 보고 싶은 영화를 웹사이트에서 대여 신청하면 해당 DVD 타이틀을 우편으로 보내주고 연체료 걱정없이 본 뒤 동봉된 봉투에 넣어 우편으로 반납하는 방식을 1999년 9월에 소개한 후 2000년 초에 전면적으로 실시하여 현재에 이르고 있다.

자료원 : http://www.netflix.com

넷플릭스 홈페이지 모습

넷플릭스는 현재 미국 캘리포니아주 로스 가토스Los Gatos의 유니버
시티가에 본사를 두고 있다.

자료원 : http://en.wikipedia.org/wiki/Netflix

넷플릭스 본사 모습

넷플릭스는 1999년에 본격적으로 회원 서비스를 시작한 이후 매년
회원수가 증가하여 2009년 말 기준으로 미국인 1,200만 명이 이용
하고 있다. 이러한 회원수 증가 등에 힘입어 상장 당시 7.5달러였
던 넷플릭스의 주가는 2010년 6월 23일 기준 116.43달러에 이르고
있다. 넷플릭스가 창업할 당시에 미국 비디오 대여 시장의 지배자
였던 25개국에 9,000여 개의 대여점을 보유한 블록버스터의 현재
주가를 보면 넷플릭스가 얼마나 빨리 성장했는지를 금방 알 수 있
을 것이다.

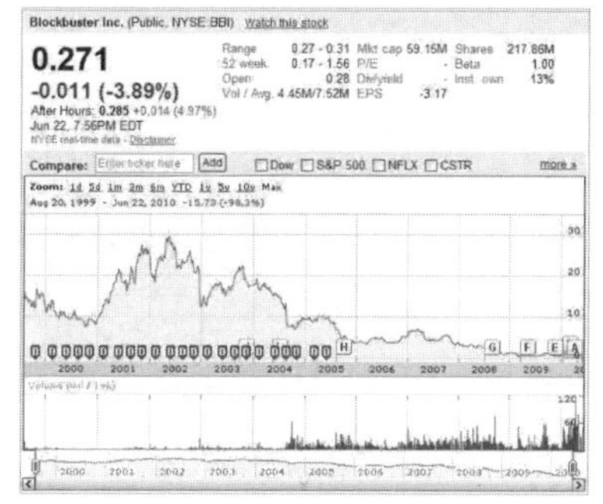

자료원 : http://www.google.com/finance?q=NASDAQ:NFLX
http://www.google.com/finance?q=NYSE:BBI

넷플릭스 주가 vs 블록버스터 주가

넷플릭스의 탄생 배경

넷플릭스가 어떻게 탄생했는지를 알 수 있는 책이 한 권 있다. 바로 2010년 출간된 장영재 박사의 《경영학 콘서트》이다. 저자는 이를 바탕으로 넷플릭스가 어떻게 탄생하게 되었는지를 재구성해 보았다.

하루 일을 마치고 집으로 가는 길인 리드 헤스팅스의 눈에 블록버스터 간판이 들어오자, 리드 헤스팅스는 그동안 쌓였던 피로가 눈 녹듯이 사르르 풀리는 기분이 들었다. 리드 헤스팅스는 피곤함도 잠시 잊고 한달음에 블록버스터 비디오 대여점으로 달려 들어갔다. 그러나 리드 헤스팅스는 블록버스터 비디어 대여점 선반에 진열되어 있는 너무나 많은 비디오 타이틀에 압도되어 잠시 어리둥절하였다.

자료원 : http://www.dawgsports.com/2007/10/20/8478/6778
http://www.publicradio.org/columns/marketplace/scratchpad/2010/03/rip_blockbus
ter.html

블록버스터 비디오 대여점

그러다 문득 오늘 오후에 마르크 랜돌프가 침을 튀어가며 떠들어대
던 론 하워드 감독의 영화 《아폴로 13》이 생각나서 그냥 그 영화
의 비디오 테이프를 빌려서 집에 들어왔다. 리드 헤스팅스는 이미
곤히 잠든 아내를 확인하고 소파에 비스듬히 누워서 《아폴로 13》
영화를 보다가 이내 잠이 들어버렸다.
다음날 아침, 리드 헤스팅스는 아내의 잔소리에 일어나긴 했지만
비몽사몽이다. 그러나 이내 오늘 출장을 가야 한다는 걸 떠올리는
순간, 리드 헤스팅스는 갑자기 바빠졌다. 아내의 푸념을 뒤로 하고
서둘러 집을 빠져 나왔다. 무려 40일간의 긴 출장은 이렇게 시작되
었다.

출장을 마치고 집으로 돌아온 리드 헤스팅스는 오랜만에 분위기 있
는 레스토랑에서 아내와 즐거운 시간을 보냈다. 그리고 명일 아내
와 함께 애너하임에 있는 디즈니랜드 리조트에 가기로 약속도 하였

다. 집으로 돌아온 리드 헤스팅스는 내일의 날씨가 궁금해져서 TV 리모컨을 찾았다. 그 순간 출장을 가기 전에 빌렸던 《아폴로 13》 비디오가 눈에 띄었다. 이런…

시차 등의 문제로 피곤하긴 하였지만 늦어진 비디오를 반납하러 서둘러 블록버스터 비디오 대여점으로 향했다. 리드 헤스팅스가 반납이 늦은 비디오를 내밀자 블록버스터 점원은 잠시 컴퓨터를 살펴보더니 "6주 연체, 40달러!"라고 짧고 퉁명스럽게 말했다. 리드 헤스팅스는 '좀 심하다'는 생각이 무의식중에 들어서 잠시 짜증과 불쾌함을 나타내긴 했지만, 꼼짝없이 블록버스터 비디오 대여점에서 40달러나 되는 연체료를 모두 내고서야 나올 수 있었다.

리드 헤스팅스는 엉망이 된 기분을 바꾸고 싶어서 평소 다니던 헬스클럽으로 발걸음을 옮겼다. 터벅터벅 걸어가고 있는 동안에 40달러나 낭비해버린 자신의 부주의에 대하여 잔소리를 하는 아내의 모습이 맨 먼저 떠올랐다. 그리고 이내 리드 헤스팅스의 머릿속엔 그에 대한 변명거리를 찾고 있었다. 그러던 중 문득 '헬스클럽은 정해진 월회비만 내면 원하는 시간에 원하는 만큼 운동시설을 이용할 수 있는데, 비디오 대여점은 왜 비디오를 제한된 시간밖에 이용할 수 없는 거야!'라는 생각이 스쳐 지나갔다.

자료원 : http://www.profitnesshealthclub.net/

헬스클럽의 모습

그러자 리드 헤스팅스는 뇌에 스치듯이 지나가던 생각을 갑자기 낚아채서 마음 속에 담고서는 "그래, 바로 이거야!" 하고 소리를 질렀다. 마치 아르키메데스가 목욕탕에서 뛰쳐나오면서 "유레카(알았다라는 뜻의 그리스어)!"라고 소리친 것과 비슷하게. 리드 헤스팅스는 생각을 정리했다.

"헬스클럽처럼 월회비를 내고 회원으로 가입하면 원하는 만큼 비디오를 볼 수 있는 사업을 해 보자!"

넷플릭스의 비즈니스

회원제 우편 배달 DVD 대여 서비스

넷플릭스의 초기 비즈니스 모델은 일정액의 월회비를 내면 연체료 없이 동시에 최대 3개까지 DVD를 무제한으로 빌려 볼 수 있으며, DVD의 대여와 반납은 블록버스터 등 다른 경쟁업체들과는 달리 우편을 이용하는 방식이었다.

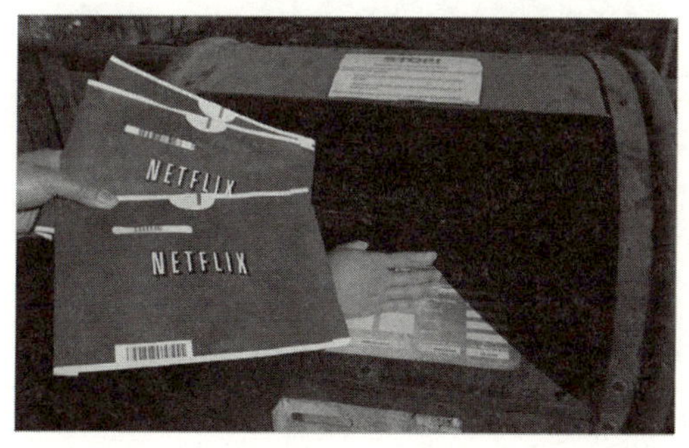

자료원 : http://jeremy68.tistory.com/140

DVD 우편 배송

미국인들은 넷플릭스가 제안한 새로운 영화 DVD 대여 서비스에 열광했다. 다음은 박종세가 경제월간지 《이코노미플러스》 2009년 4월호에 게재한 '영화 DVD 대여업체 넷플릭스' 기사 중 일부이다. 이것은 넷플릭스에 대한 미국인들의 환호에 대한 한 가지 예라 할 수 있다.

빨간 봉투에 담긴 넷플릭스 우편은 이제 미국 문화의 아이콘으로 자리 잡았다. 미국 우편배달부는 넷플릭스 우편을 앵커 메일Anchor mail이라고 부른다. 문 앞에 우편물이 배달됐을 때 가장 먼저 달려가 집는 사적인 메일이라는 의미다. 과거엔 생일축하카드 등이 '앵커 메일' 구실을 했으나, 이메일이 발달하면서 그 자리를 이제 넷플릭스가 대신했다.

자료원 :
  http://www.ukopia.com/ukoBusinessMoney/?page_code=read&sid=13&sub=4&review=&uid=29838

넷플릭스의 앵커 메일 역할

미국인들이 넷플릭스의 새로운 DVD 대여 서비스에 그토록 열광했던 이유는 첫째, 인터넷에 접속하여 넷플릭스 웹사이트에서 보고 싶은 영화를 골라 마우스로 클릭만 하면 그 DVD 타이틀이 집으로 배송되므로, 더 이상 블록버스터 비디오 대여점까지 자동차를 몰고 갈 필요가 없어졌기 때문이다. 둘째, 넷플릭스의 제공 서비스에는 연체료라는 단어가 없으므로, 사람들은 3개까지는 원하는 만큼 무제한으로 영화를 볼 수 있다는 심리적 만족을 누릴 수 있었기 때문이다. 실제로 같은 DVD 타이틀을 2년 넘게 가지고 있는 회원들도 생겨났다.

이후에 넷플릭스는 동시에 최대 3개까지로 한정했던 기존의 DVD 타이틀 대여 개수를 최대 5개, 최대 10개로 확대하여 회원들이 선택할 수 있는 옵션의 폭을 넓혔다. 물론 최대대여개수가 많아질수록 가격도 높아지지만, 그럼에도 불룩하고 넷플릭스에 맛을 들인 회원들은 점차 높은 가격의 옵션으로 옮겨가면서 DVD를 이용하고 있다.

인터넷 스트리밍 서비스, 인스턴트 큐Instant Queue

창업 이후 넷플릭스의 가파른 성장세는 제공가능한 콘텐츠 수가 적었던 디지털케이블, 위성방송 등 TV의 VOD 서비스가 출현했을 때와는 달리 애플 아이튠즈Apple iTunes, 훌루닷컴Hulu.com 등 인터넷, 모바일을 통한 다양한 동영상 시청 옵션이 등장하면서 둔화되기 시작하였다.

이에 넷플릭스는 기존의 회원제 우편 배달 DVD 대여 서비스와 함께 새롭게 시작한 인터넷 스트리밍 서비스에도 많은 노력을 기울이고 있다. 넷플릭스의 사업 방향 전환에 대한 한 가지 증빙은 2010년 1월 6일 《로이터통신》의 다음과 같은 보도내용을 들 수 있다.

넷플릭스는 워너브라더스와 온라인 스트리밍 콘텐츠 서비스 계약을 맺는 대신 최신작 영화 DVD를 75%가량 판매되는 시점인 시중 판매 개시 28일이 지난 후에 대여해주기로 했다.

이는 신작 영화를 즐겨보는 회원수의 감소보다 영화 스트리밍 서비스를 애용하는 신규 가입자수가 더 많을 것이라는 넷플릭스의 정책적 판단하에 소비자의 선택권을 확대하려는 전략으로 판단된다.

하여튼 넷플릭스는 새로운 인터넷 스트리밍 서비스인 인스턴트 큐Instant Queue를 개발하였다. 인스턴트 큐 서비스의 특징은 블록버스터, 애플, 아마존닷컴 등 다른 경쟁자들이 편당과금방식으로 영화 콘텐츠를 제공하는 것과는 달리 회원제 기반의 스트리밍 비디오 서비스를 제공한다는 점이다.

2010년 현재 넷플릭스는 일정 금액 이상의 월정액을 내는 회원에게 무료로 제공하고 있으며, 보유중인 DVD 타이틀 10,000개보다 훨씬 많은 17,000개의 풍부한 영화, 드라마 등 스트리밍 콘텐츠를 가지고 있기 때문에 기존 회원이 다른 서비스로 넘어가는 것을 방지하는 효과도 발생하고 있다.

더불어 넷플릭스는 2008년에는 마이크로소프트 엑스박스Microsoft X-box 360, 2009년에는 소니 플레이스테이션Sony PlayStation 3, 그리고 2010년에는 닌텐도 위Nintendo Wii 등 주요 콘솔 게임기에서 모두 넷플릭스의 인스턴스 큐 서비스를 지원하게 함으로써 신규 회원을 계속해서 유치하고 있다. 예를 들어, 연 50달러의 가입비를 내야 하는 X박스 라이브 골드 회원이 넷플릭스 서비스에 가입하면 월 9달러로 넷플릭스의 워치 인스턴틀리Watch Instantly를 통하여 무제한으로 스트리밍 서비스를 이용할 수 있다.

넷플릭스 비즈니스의 성공 비밀

시네매치CineMatch

하루 일을 마치고 녹초가 되어 집으로 가는 길에 블록버스터 비디오 대여점에 들어선 리드 헤스팅스. 그런데 막상 수많은 비디오 중에서 무엇을 골라야 할지 무척 곤혹스럽다. 마침 낮에 동료가 우연히 떠벌려 댄 영화를 아르바이트 점원의 도움으로 빌려 집에 들어왔다. 그런데 막상 보니, 기대와는 달리 영 리드 헤스팅스의 취향은 아니다. 결국 30분도 채 견디지 못하고 잠이 들어 버렸다. 이런 사람들의 마음을 알아주는 넷플릭스의 독심술이 있다. 그렇다면 넷플릭스의 독심술은 과연 무엇일까?

넷플릭스의 독심술과 관련하여 참고만한 첫 번째 증빙은 2010년 출간된 장영재 박사의 《경영학 콘서트》이다. 그 내용 중 일부를 다음과 같이 요약한다.

넷플릿스의 성공을 가능하게 했던 핵심역량은 '개인 맞춤형 영화 추천 기능'이다. 넷플릭스 회원이 자신의 아이디로 로그인하면 현재 대여중인 DVD 목록과 더불어 회원 개개인의 취향에 맞춰 선별된 DVD 목록을 볼 수 있다. 이 추천 목록은 회원이 과거에 대여한 영화, 대여 후 회원이 매긴 영화 평점, 회원이 클릭한 영화 장르 등 회원이 자발적 혹은 인식하지 못하고 제공한 모든 정보를 취합한 후 인공지능을 이용하여 분석하고 선별한 결과다. 이것이 바로 골리앗 블록버스터가 절대 모방할 수 없었던 다윗의 작은 돌멩이인 셈이다.

넷플릭스의 독심술 관련 두 번째 증빙은 2009년 3월 19일에 《세계경영연구원》 김지유가 작성한 '족집게처럼 고객 마음 짚어낸 DVD대여업체 넷플릭스의 분석경영' 기사이다. 그 기사 내용 중 일부를 다음과 같이 요약한다.

시네매치는 가입회원의 DVD 클릭 패턴, 대여 목록 및 DVD 반납 후 평가 점수를 기반으로 취향을 분석한다. 그 결과를 바탕으로 자동으로 고객을 위한 DVD를 추천한다. 넷플릭스의 시네매치는 80% 이상의 정확도를 자랑한다. 시네매치가 더욱 특별한 것은 이것이 넷플릭스의 재고관리에 도움을 주기 때문이다. 시네매치는 가입회원이 흥미를 가질만한 DVD 중에서도 특히 수요가 높지 않은 DVD를 먼저 고객에게 추천함으로써, 자체적인 재고 조절을 돕는다.

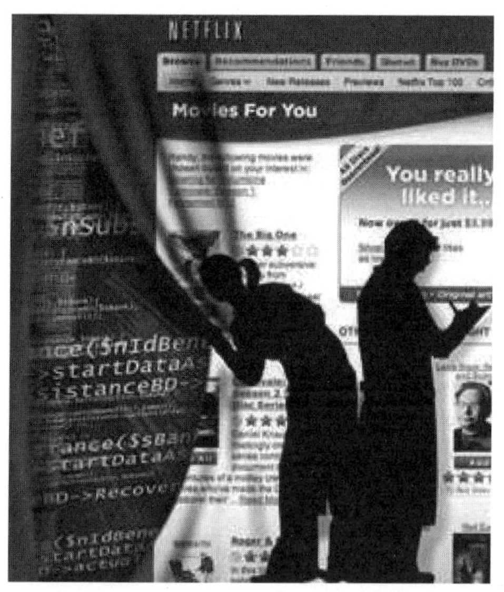

자료원 :
http://www.globalstandard.or.kr/bbs/board.php?bo_table=sub0300&wr_id=547&
page=9

시네매치 개념

이상의 증빙 내용 등을 바탕으로 정의해 보면, 시네매치는 회원이
대여해 간 영화들을 데이터베이스에 저장했다가 회원의 취향 등 영
화선택 행태를 분석하여 비슷한 취향의 다른 회원이 추천하는 영화
를 전략적으로 권하는 방식의 시스템이라 정의할 수 있다. 예를 들
어 누군가가 《아폴로 13》을 선택했다면 내부 알고리즘의 계산으
로 도출된 《혹성탈출》이란 영화도 추천해 주는 방식인데, 이것은
보고 싶은 영화가 명확하지 않을 때 효과적이다.

실제로 블록버스터의 최신 영화 대여 비율은 70%에 이르지만 넷플릭스의 회원들은 30% 정도에 머물고 있으며, 넷플릭스 회원들은 추천해 주는 영화를 20%나 보고 있다고 한다. 이것은 넷플릭스의 시네매치 효과라고 말할 수 있다.

더군다나 넷플릭스의 시네매치는 영화 매니아들의 순위 매김 등의 활동을 통하여 한 자리에 모여 잊혀진 영화, 알려지지 않았지만 좋은 영화들을 부활시키는 등 새로운 영상문화코드를 만들어 감으로써 더욱 빛을 발하며 성장하고 있다.

배송 방식

넷플릭스의 두 번째 성공비결은 배송방식이다. 넷플릭스의 배송 방식을 경쟁사인 블록버스터와 비교하여 살펴보도록 하자.

넷플릭스의 경쟁사인 블록버스터는 전통적인 프랜차이즈 매장방식이다. 그래서 블록버스터의 각 매장들은 비디오를 구입하여 대여해 주기 때문에 하나의 비디오를 많은 사람에게 대여해 주는 것이 중요하다. 이것은 블록버스터 매장의 관리기준이 바로 비디오의 회전율이라는 것을 의미하는 것이다. 그런데 블록버스터 매장의 비디오 대여 내역을 살펴보면 지역에 따라 차이가 심했다. 즉, 어떤 지역에서는 남아도는 비디오가 또 다른 지역에서는 없어서 대여해 주지 못하는 일이 비일비재했다.

반면에 넷플릭스의 비즈니스 모델은 DVD 동시대여 가능대수 제한으로 인하여 회원이 특정 DVD를 연체하면 월사용료를 내면서도 다른 DVD를 대여할 수 있는 기회를 상실하기 때문에 블록버스터와 같은 손실은 줄어들게 된다.

더군다나 넷플릭스는 회원이 주문하는 DVD를 중앙에서 배송하는 시스템을 운영하기 때문에 지역별 수요 변화에도 유연하게 대처하고 있다. 특히, 미국 전역 58개의 집배송센터에는 10년에 걸쳐 자체 완성한 스터퍼Stuffer라는 이름의 기계가 있는데, 봉투를 접고 DVD를 붙이고 봉합하는 일을 하는 이 기계가 시간당 4,000여 개를 처리하고 있다. 사람이 처리하는 과거에는 시간당 750개를 처리했을 뿐이었다.

자료원 : http://oneceo.co.kr/36

DVD 검사 분류 작업 중인 넷플릭스 집배송센터 직원 모습

최근 넷플릭스는 기존의 우편배달 DVD 대여 서비스와 더불어 인터넷 스트리밍 서비스에도 많은 관심을 기울이고 있다. 실제로 넷

플릭스 회원의 20%가 인터넷 스트리밍 서비스를 이용하고 있다. 이는 회원들의 영화 보기 취향 변화에도 대처하면서 동시에 우편배송비용 대부분을 이익으로 전환하고 싶은 의도가 숨어있는 것으로 보인다.

넷플릿스의 조직문화는 리드 헤스팅스가 'Reference Guide on our Freedom & Responsibility Culture'라는 제목으로 www.slideshare.net 웹사이트에 올려 놓은 프레젠테이션 자료를 보면 알 수 있다. 이 자료를 다음과 같이 정리했다.

엔론Enron은 도덕성, 커뮤니케이션, 존중, 뛰어난 성과 등 4가지 가치를 회사 로비의 대리석에 새겨놓았지만 미국에서 가장 비도덕적인 기업 중 하나로 비난 받고 있다. 이에 반해 넷플릭스는 자사가 진정으로 가치 있게 여기는 것들을 그런 듣기 좋은 말이 아닌, 누가 보상받고, 누가 승진되고, 누가 해고되는지에 반영하고 있다. 그 구체적인 내용은 다음과 같다.

다양한 관점에서 본 넷플릭스 문화

관점	내용
채용	멋진 일터는 높은 연봉이나 멋진 사무실이 아닌 끝내주는 동료들이다. 그래서 우리는 최고의 동료들을 끌어오는데 효과적인 일들만 한다.
보상	보상은 이전 연도의 실적을 바탕으로 하는 것이 아니라, 그 시장에서 그 사람이 가지는 최고의 가치에 맞게 하는 것이다.
승진	승진은 현재 역할에서 매우 뛰어난 성과를 내고 있으며, 더불어 앞으로 맡게 될 역할이 충분히 커야만 한다.
해고	'내 부하직원들 중 누군가가 두 달 이내에 경쟁사로 떠나겠다고 하면, 나는 누구를 잡으려고 노력해야 하는가?'라는 질문에 통과하지 못하는 사람은 해고해야 한다.

넷플릭스는 책임감있는 사람에게 자유를 주면 더 큰 성과를 발휘한다고 생각한다. 그리고 높은 성과를 내는 사람들은 수업, 멘토링 등의 형식적인 프로그램을 통해서가 아닌, 뛰어난 사람들과 함께 큰 도전을 할 수 있는 환경에서 경험, 관찰, 성찰, 독서, 토론을 통해 스스로 성장한다고 믿고 있다. 그래서 넷플릭스는 기업 규모가 커질수록 자유를 제약하는 다른 기업과는 다르게 복잡성이 증가하는 것보다 더 빠른 속도로 인재의 비율을 높여나가는 정책을 펴고 있으며, 따로 휴가가 있지도 않고 휴가를 기록하지도 않는다.

넷플릭스의 이와 같은 일련의 노력들은 그들만의 독특한 문화를 만드는 원동력이 되고 있으며, 이를 통하여 넷플릭스는 계속 성장하고 있다.

넷플릭스의 이슈

맥도널드MacDonald가 47%, 동전교환기 운용사인 코인스타CoinStar가 47%의 지분을 갖고 설립한 레드박스Redbox는 키오스크Kiosk를 맥도 널드 매장 등에 설치하여 무인 DVD 대여 서비스를 제공하는 기업 이다. 코인스타는 2009년 2월에 나머지 모든 지분을 사들여서 100% 지분을 확보하고 있는 상태이다. 최근 레드박스의 성장세가 넷플릭스를 위협할 정도로 성장하고 있다는 보도가 나오고 있다.

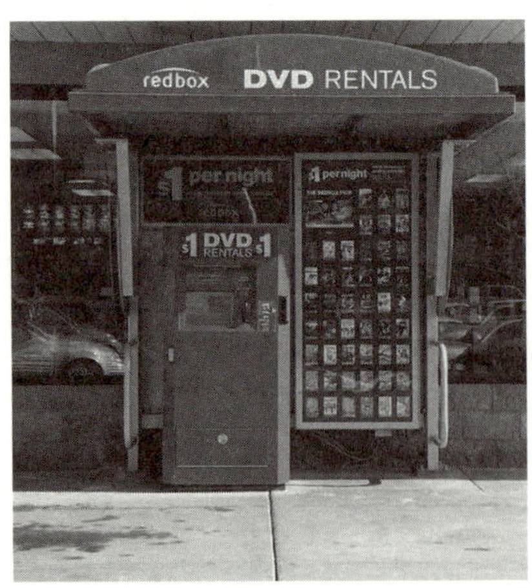

자료원 : http://cusee.net/2462041

레드박스 키오스크

현재 레드박스는 DVD 타이틀을 많이 보지 않거나 우편을 통한 배달시간을 참을 수 없는 사람들에게 인기가 있다. 일주일에 한두 편의 신작 DVD를 보고 싶은 소비자 그룹이 주변에 설치된 키오스크를 통하여 보고 싶은 영화 DVD 타이틀 한 개를 단돈 1달러에 대여하고 반납할 수 있는 레드박스의 비즈니스 모델에 블랙홀처럼 빠져들고 있다. 더군다나 6년 동안 넷플릭스에서 부사장으로 일했던 미치 로우Mitch Lowe가 그 중심에 서 있다는 사실이 재미있다. 그는 현재 레드박스의 최고경영자이다.

다양한 영화 시청 옵션의 등장

미국의 DVD 시장 규모는 2007년에 23억 7천 달러였는데, 이 중에서 대여가 차지하는 비중은 전체시장의 43% 정도에 해당된다. 이것은 1999년의 12% 대여 비중에 비하여 크게 높아진 수치이다.

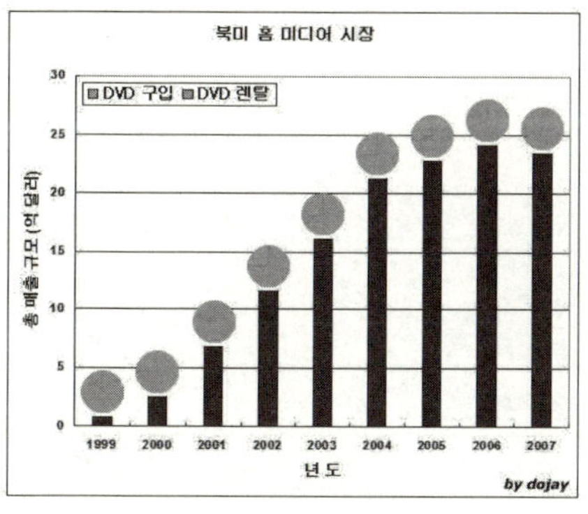

자료원 : http://dojay.tistory.com/27

미국의 DVD 시장 규모

이처럼 DVD 시장에서 대여가 차지하는 비중이 높아지자, 애플사의 스티브 잡스는 "더 이상 DVD 타이틀을 빌리러 대여점에 가거나 우편으로 배달되기를 기다릴 필요없이…"라고 말하면서 아이튠스를 기반으로 영화 대여 서비스 시작하였다. 그리고 애플 TV를 필두로 스트리밍 비디오 대여 시장에 본격적으로 뛰어들고 있다.

또한 구글의 유튜브도 2010년 1월 22일부터 20일 미국 파크시티에서 개막한 선덴스영화제 출품작과 건강·의료·교육 비디오를 대여하는 새로운 비디오 대여 서비스를 시작했다.

창업 때부터 인터넷 영화라는 뜻을 가진 회사명으로 출발한 넷플릿스도 디지털케이블, 위성방송을 통해 제공되고 있던 TV VOD의 등장 때와는 달리 인터넷, 모바일을 통한 다양한 동영상 시청 옵션의 등장에는 바짝 긴장하고 있다. 그래서 넷플릿스는 '인스턴트 큐Instant Queue'라는 이름의 인터넷 스트리밍 서비스를 가지고 애플, 아마존, 홀루, 유튜브 등과 격전을 치를 준비를 하고 있다.

자료원 : http://jeremy68.tistory.com/140

TIVO와 제휴한 넷플릿스

일부 회원들은 '밸브를 통제해서 감속시키다'는 의미의 'throttle'이 란 단어를 사용한 넷플릭스의 트로틀링Throttling 문제를 제기하는데, 그것은 넷플릭스가 수요가 많은 DVD 혹은 신작 DVD의 배달 순서 를 임의로 통제하거나 조작한다는 것을 의미하는 용어이다. 부연하 면 넷플릭스가 자랑하는 시네매치 알고리즘이 드문드문 반납하는 회원에게는 바로 바로 DVD 타이틀을 배달하는 반면에 자주 반납 하는 회원에게는 한참 있다가 DVD를 배달하는 것 같다는 의심을 말한다.

임백준이 2008년 출간한 《프로그래밍은 상상이다》는 책에 나오 는 다음과 같은 내용은 넷플릭스가 그러한 의심으로부터 벗어나고 더 나아가 시네매치가 나아가야 할 방향성을 제시하고 있다.

넷플릭스 안에서 활동한 흔적을 분석하고 해석하는데 그치면 안 된 다. 《그녀에게》 DVD를 대여하거나 판매하는 웹사이트, 《그녀 에게》를 언급한 블로그, 신문기사, 책, 《그녀에게》를 보았거나 대여한 사람들의 직업, 나이, 거주지, 즐겨 찾는 웹사이트, 《그녀 에게》를 구글에서 검색한 결과, 나와 비슷한 사람에게 동일한 영 화를 추천했을 때 나타나는 반응 등의 데이터를 체계적으로 분석하 여 그 인과관계를 명확하게 밝혀야만 비로소 한편의 영화를 추천할 수 있는 지혜를 얻게 되는 것이다.

1. 넷플릭스는 ____________와 ____________의 합성어이다.

2. 넷플릭스의 창업자는 ____________와 ____________이다.

3. 넷플릭스의 본사는 ____________ 로스 가토스의 유니버시티가에 있다.

4. 넷플릭스의 창업 당시 경쟁기업은 전통적인 프랜차이즈 매장 방식의 ____________였다.

5. 월회비를 낸 회원이 원하는 영화를 넷플릭스 사이트에서 대여 신청하면 해당 DVD 타이틀을 ____________으로 보내주고 연체료 걱정없이 본 뒤 동봉된 봉투에 넣어 ____________으로 반납하는 방식이다.

6. 넷플릭스의 인터넷 스트리밍 서비스 이름은 ____________이다.

7. 회원이 대여해 간 영화들을 데이터베이스에 저장했다가 회원의 취향 등 영화선택 행태를 분석하여 비슷한 취향의 다른 회원이 추천하는 영화를 전략적으로 권하는 개인 맞춤형 영화 추천 기능인 ____________는 가입회원이 흥미를 가질만한 DVD 중에서도 특히 수요가 높지 않은 DVD를 먼저 고객에게 추천함으로써, 자체적인 ____________ 조절을 돕는다.

8. ________________는 넷플릭스 집배송센터에서 봉투를 접고 DVD를 붙이고 봉합하는 일을 하는 기계이다.

9. ________________는 일주일에 한두 편의 신작 DVD를 보고 싶은 소비자가 주변에 설치된 키오스크를 통하여 보고 싶은 영화 DVD 타이틀 한 개를 단돈 1달러에 대여하고 반납할 수 있는 비즈니스 모델로 넷플릭스를 위협하고 있다.

10. 넷플릭스의 ________________은 넷플릭스가 수요가 많은 DVD 혹은 신작 DVD의 배달 순서를 임의로 통제하거나 조작한다는 것을 의미하는 용어이다.

One Page Proposal 팀 프로젝트

넷플릭스 사례를 처음부터 끝까지 정독해서 꼼꼼히 읽어보도록 하자. 그리고 현재 당신이 속한 팀이 넷플릭스의 기획팀이라고 생각하고 넷플릭스의 최고경영자CEO 리드 헤스팅스에게 제출할 강력하고 간결한 한 장의 기획서를 작성해 보자. 1 Page Proposal 양식의 예는 다음과 같다.

넷플릭스		
작성자 : 리드 Jr.　　　팀원 : 스티브, 슈미트, 도미노		
문제점/ 기회 분석	현재 사례 기업이 당면한 문제점이나 기회 요인을 분석하여 서술한다.	
대안 도출	**대안1 :** 대안1의 제목을 기술하는 영역	**대안2 :** 대안2의 제목을 기술하는 영역
	내용 대안1의 내용을 기술하는 영역	**내용** 대안2의 내용을 기술하는 영역
	장점 대안1의 장점 기술하는 영역	**장점** 대안2의 장점 기술하는 영역
	단점 대안1의 단점 기술하는 영역	**단점** 대안2의 단점 기술하는 영역
최종안 선택	제시한 대안 중에서 한 가지를 선택한 후, 선정 근거를 기술한다.	

* 대안 도출은 2개 이상 4개 이하로 하는 것이 효과적이다.

토의 문제

1. 넷플릭스의 창업자 리드 헤스팅스를 중심으로 한 인물 관계도를 작성해 보자.

2. 점과 점을 잘 연결해 보면 예기치 못한 순간에 섬광 같은 통찰력 flash of insight이 생기곤 한다. 그 중 일부는 좋은 아이디어로 변환되어 세상을 바꿀 때도 있다. 이러한 관점에서 넷플릭스를 바라본다면, 여러분은 리드 헤스팅스의 섬광 같은 아이디어인 우편배달 DVD 대여 사업을 구성하는 점들은 무엇이라고 생각하는가?

3. 넷플릭스는 회원제 우편배달 DVD 대여 서비스가 안정화되자 회원들이 동시 대여 가능한 DVD 타이틀의 최대개수를 기존의 3개에서 5개와 10개를 추가한 세 가지 옵션으로 확대하였다. 이 상황을 수익경영 관점에서 분석해 보자.

4. 넷플릭스의 시네매치 시스템에서 사용된 정보기술에 대하여 설명해 보자.

5. 넷플릭스의 미래에 대하여 이야기해 보자.

서비스 산업의 이해

"산업구조가 선진화됨에 따라 서비스업이 성장할 것"
"서비스업은 주주가치 창출능력이 뛰어나고 정부의 중장기적 육성
의지도 강해 높은 성장이 기대된다"

요즘 신문지상이나 투자전략 보고서에서 쉽게 발견할 수 있는 문구
들이다. 실제로 전통적으로 제조업에 속해 있던 코닥Kodak, GMGeneral
Motors, 나이키Nike 등의 공시정보를 살펴보면 영락없는 서비스 기업
의 모습을 보이고 있다. 도대체 서비스 산업이 무엇이길래 과거의
제조업들이 서비스 산업으로 이동하고 있는 것일까?

나의 서비스 전문가 지수는 몇 점?

서비스 산업! 많이 들어보긴 했지만 서비스 산업에 대해 진지하게 고민해 적이 없었다고요?

걱정하지 마세요. 책장을 넘기면 재미나는 서비스 산업의 이야기가 흘러나오니까요. 서비스 산업 이야기를 읽다 보면 복잡한 비즈니스 세상 속에 흐르는 핵심 개념이 머리에 쏙쏙 들어와 쉽게 이해할 수 있어요.

먼저, 당신의 서비스 전문가 지수부터 알아볼까요?

질문 1. 생산과 서비스 중에서 부가가치가 더 높은 기업 기능은 무엇인가?

질문 2 우리나라, 미국, 일본, 중국, 독일 중에서 제조업의 비중이 가장 낮은 나라는 어디인가?

질문 3. 네 가지 서비스의 특성을 나열해 보자.

질문 4. 서비스의 특성 중에서 '한 고객에 대한 서비스가 다음 고
객에 대한 서비스와 다를 가능성이 있다'는 것을 의미하는
용어는 무엇인가?

질문 5. 'Service Science, Management and Engineering(SSME)'을
처음으로 소개한 기업은 어디인가?

질문 6. 제조기업의 서비스화 형태 네 가지는 무엇인가?

과학이 서비스를 혁명한다!

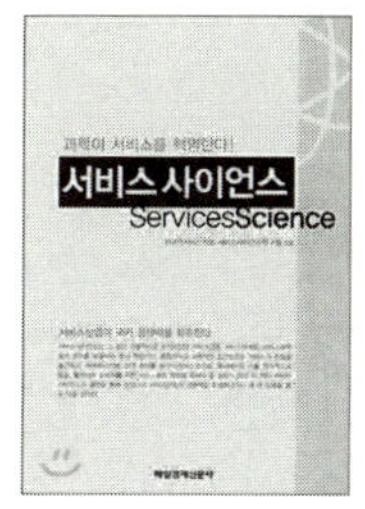

도서명 : 서비스사이언스
지은이 : 한국IT서비스학회 서비스사이언스연구회
출판사 : 매일경제신문사

이제 서비스산업이 국가 경쟁력을 좌우한다. 그런데 여전히 낮은 생산성과 높은 불확실성은 서비스산업의 심각한 문제이다.

《 서비스사이언스: 과학이 서비스를 혁명한다 》에서 서비스사이언스연구회는 서비스사이언스의 개요에서부터 서비스혁신, 서비스경영, 그리고 국내 사례를 살펴봄으로써 서비스기업들이 당면하는 혁신, 생산성, 품질, 고객만족 등의 문제들을 서비스사이언스를 통해 해결할 수 있는 방안을 제시한다.

고객이 고객을 부르는 창조 경영의 핵심전략

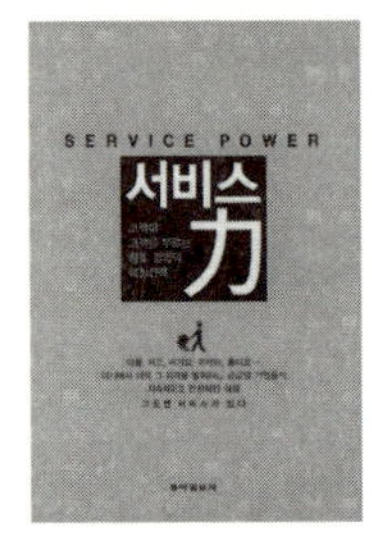

도서명 : 서비스력

지은이 : 남기찬, 김용진, 김진화

출판사 : 동아일보사

애플, 레고, 버거킹, 이케아, 홈디포 등 위기에서 더욱 저력을 드러내는 글로벌 기업들. 그들의 지속적이고 안정적인 성장의 원천은 무엇일까?

《서비스력: 고객이 고객을 부르는 창조 경영의 핵심전략》에서 남기찬교수 외 2인은 혁신적인 서비스 전략에서 그 성장의 힘을 찾는다. 이제 제품의 혁신만으로는 성공 기업이 될 수 없으며, 고객을 위한 서비스를 혁신해야 한다고 강조한다. 지속적인 성장을 이끄는 경영의 핵심전략인 서비스란 무엇이고, 어떻게 발휘되고 있는지, 앞으로 어떻게 진화해갈 것인지를 다양한 사례를 바탕으로 다루고 있다. 서비스 혁신을 통해 글로벌 비즈니스 시장에 성공적으로 안착할 수 있는 해법을 제안한다.

"서비스의 중요성을 알지 못하는 기업은 도태될 것이다"라는 남교수 외 2인의 메시지가 아직도 귓가에 맴돈다.

서비스 산업의 중요성

부가가치 관점에서 본 서비스 산업

페티W. Petty는 "부가가치 측면에서 볼 때 농업보다는 제조업이, 제조업보다는 서비스업이 상대적으로 높은 부가가치를 창출한다. 그래서 경제가 발전하면 산업구조도 발맞춰서 변화한다"고 말하였다.

클라크C. Clark도 "경제가 발전할수록 산업간 소득격차도 커진다. 이로 인하여 농업, 어업 등 1차 산업의 노동력이 광업, 제조업, 건설업 등 2차 산업으로 이동하고, 또다시 2차 산업의 노동력이 금융, 도소매, 기타 서비스 등 3차 산업으로 이동한다"고 주장하였다.

대만 아세르그룹Acer Group 회장인 스탠 쉬Stan Shih가 제시한 웃는 입 모양을 나타내는 다음과 같은 스마일 곡선Smile Curve은 가치사슬Value Chain상에서 기업 기능의 가치를 나타낸다. 이 그림을 살펴보면, 페티와 클라크의 주장에 어느 정도 믿음이 간다.

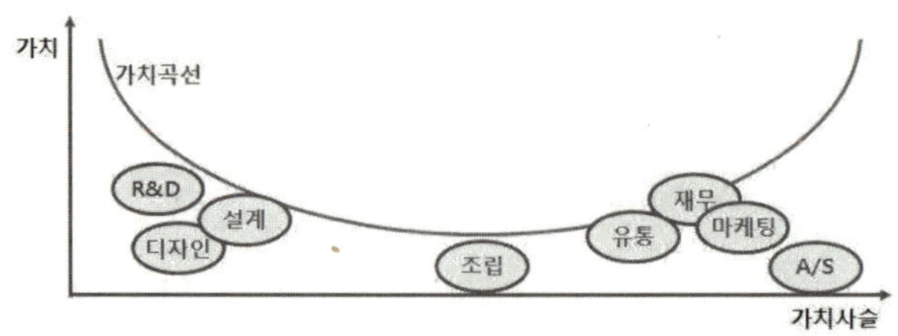

자료원 : www.service.re.kr/servlet/download?cmd=data&fileno=32&no=1

가치사슬에서 기능의 제공가치

이 그림에서 부가가치는 가치사슬상의 중앙부분으로 갈수록 낮아지는 반면 상위부분과 하위부분으로 갈수록 높아지는 모습을 나타내고 있다. 이것은 상위부분에 위치한 R&D, 디자인, 설계와 하위부분의 유통, 재무, 마케팅, A/S가 창출하는 부가가치가 중앙부분에 위치한 조립의 부가가치보다 상대적으로 높다는 것을 의미한다. 부연하면 기업의 수익성 제고 지름길은 생산 그 자체의 혁신활동에 집중하는 것보다는 R&D나 서비스로 혁신영역을 확장하는 것이다.

아래 표는 로지텍사가 판매하는 마우스 제품의 원가구조이다. 이것은 2004년 6월 정보경제학저널Information Economics Journal에 게재된 폴 스트라스만Paul Strassmann의 '아웃소싱 경제학The economics of outsourcing'에서 발췌한 것이다.

로지텍 마우스의 원가 구조(단위 : 미국 달러)

구분	원자재 공급업체	제조업체	유통업체	로지텍사	합계
원가	14	3	15	8	40

이 원가구조를 자세히 살펴보면 제조업체3달러의 비중이 원자재 공급업체14달러, 유통업체15달러, 로지텍사8달러 등에 비하여 상대적으로 낮다는 것을 알 수 있다.

우리는 지금까지 살펴본 두 가지 사례를 통하여 선진기업들이 왜 R&D나 서비스 분야로 사업 영역을 넓히거나 전환하는가에 대한 궁금증을 조금이나마 해소할 수 있을 것이다. 즉, 서비스가 주목 받는 첫 번째 이유는 서비스가 창출하는 부가가치가 제품에 비해서 훨씬 높은 현재의 경제구조 때문이다.

소비지출변화 관점에서 본 서비스 산업

서비스가 주목 받는 두 번째 이유는 소비자의 소비 패턴 변화에서 기인한다.

미국의 심리학자인 에이브러햄 매슬로Abraham Maslow는 인간의 욕구를 생리적 욕구Physiological Needs, 안전 욕구Safety Needs, 소속의 욕구Belonging Needs, 존경의 욕구Self-Esteem Needs, 자아실현 욕구Self-Actualization Needs 등 5단계로 나누었다. 그리고 인간의 욕구는 하위 단계에서 상위 단계로 계층적으로 배열되기 때문에 하위 단계의 욕구는 상위 단계의 욕구보다 강하며, 하위 단계의 욕구가 충족되어야 상위 단계의 욕구가 발생한다고 주장하였다.

매슬로의 욕구단계 관점에서 볼 때, 소비자 개인이나 가계는 소득이 증가하게 되면 즉 물질적인 만족이 어느 정도 충족되게 되면 단순 반복적인 일에 대해서는 대가를 지불하고 서비스 형태로 제공받기를 원하고 대신 건강, 엔터테인먼트, 교육 등 서비스를 더 갖기를 원하게 된다.

한편, 우리나라 인구구조는 1980년대의 전형적인 피라미드형에서 2020년 이후 역피라미드형으로 바뀔 것으로 전망된다. 이것은 기대수명 연장, 출산율 저하 등으로 인하여 고령화가 빠르게 진행되고 있기 때문이다. 그런데 인구구조의 변화가 가계의 소비지출에도 영향을 미치고 있다.

1980년부터 2008년까지 전체 소비는 연평균 9.7% 증가했으며, 품목별로는 교육, 교양, 오락, 교통, 통신 등 선택적 성격의 소비지출은 늘어났고 의식주 관련 필수적 소비지출은 낮은 증가세를 보였다. 특히 보건, 의료와 교육비 지출은 2000년대 들어 크게 늘어났다. 더불어 한국은행의 2020년 소비지출액이 2008년과 같다는 전제하에 인구구조 변화에 따른 생산 유발액 분석을 살펴보면, 교육부문은 인구정체와 고령화로 9조 1,000억원 감소되는 반면 금융, 보험 등 기타 서비스는 3조 3,000억원, 보건, 의료는 2조원, 교양, 오락 4,000억원, 교통, 통신 5,000억원 등 대부분의 서비스부문 생산이 늘어날 것으로 예상하고 있다.

산업별 고용창출능력 측면에서는 교육부문이 2020년이 되면 약 18만6000개, 음식과 숙박업에선 5000개, 농수산업과 음식료업에선 각각 2000개와 1000개 줄어들 전망이지만, 금융, 보험 등 기타 서비스에서 3만6000개, 보건, 의료 2만3000개, 도소매 2만1000개, 교양·오락 6000개, 교통, 통신 5000개 등의 일자리가 창출될 것으로 예상하고 있다.

서비스 산업의 범위

산업의 정의

통계청에서 발간한 한국표준산업분류Korean Standard Industrial Classification: KSIC는 유엔의 국제표준산업분류International Standard Industrial Classification: ISIC를 바탕으로 하여 산업관련 통계자료의 정확성, 비교성을 확보할 목적으로 작성되었다.

한국표준산업분류를 살펴보면, 산업이란 '유사한 성질을 갖는 산업 활동에 주로 종사하는 생산단위의 집합'을 말한다. 여기서 산업 활동이란 '각 생산단위가 노동, 자본, 원료 등 자원을 투입하여, 재화 또는 서비스를 생산 또는 제공하는 일련의 활동과정'을 의미하며, 산업 활동의 범위에는 가정 내의 가사 활동을 제외한 영리적, 비영리적 활동을 모두 포함한다.

클라크는 경제발전의 단계에 따라 산업을 다음과 같이 분류하였다.

클라크의 산업 분류

산업 구분	설명
1차 산업	농업, 임업, 어업, 목축업, 수산업 등 원자재의 직접 생산을 담당하는 산업 자료원 : http://opentory.joins.com/index.php/그림:호남평야.JPG http://blog.naver.com/apffhddl1224/140031781214
2차 산업	광업, 제조업, 건설업 등 원자재의 가공을 담당하는 산업 자료원 :http://cafe.naver.com/namdophoto/138 http://www.chosun.com/site/data/html_dir/2008/02/11/2008021100296.html
3차 산업	운수업, 금융업 등 가공된 원자재의 유통을 담당하는 산업

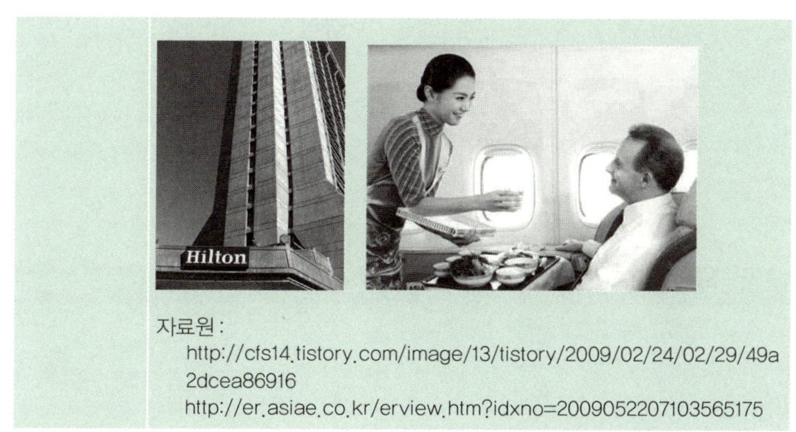

자료원 :
http://cfs14.tistory.com/image/13/tistory/2009/02/24/02/29/49a
2dcea86916
http://er.asiae.co.kr/erview.htm?idxno=20090522071035565175

또한 클라크는 한 나라의 경제가 발달할수록 1차 산업의 비중은 작아
지고 2차 산업, 3차 산업의 비중이 커짐을 통계적으로 증명하였다.

한국표준산업분류는 생산단위가 주로 수행하고 있는 산업 활동을
다음과 같은 기준에 의거 그 유사성에 따라 유형화한 것이다.

한국표준산업분류 기준

산업 분류 기준	설명
산출물 즉, 생산된 재화 또는 제공된 서비스의 특성	산출물의 물리적 구성 및 가공단계 산출물의 수요처 산출물의 기능 및 용도
투입물의 특성	원재료, 생산 공정, 생산기술 및 시설 등
생산활동의 일반적인 결합형태	

현재는 2007년 12월 28일에 개정 고시하여 2008년 2월 1일부터 시행되고 있는 제9차 한국표준산업분류가 사용되고 있으며, 그 분류구조 및 부호체계는 다음과 같다.

제9차 한국표준산업분류 분류구조 및 부호체계

기호	대분류	중분류	소분류	세분류	세세분류
A	농업, 임업 및 어업	3	8	21	34
B	광업	4	7	12	17
C	제조업	24	83	180	461
D	전기, 가스, 수도	2	4	6	9
E	폐기물, 환경복원	3	5	11	15
F	건설업	2	7	14	42
G	도매 및 소매	3	20	58	164
H	운수업	4	11	20	46
I	숙박 및 음식점업	2	4	8	24
J	출판, 영상, 정보 등	6	11	25	42
K	금융, 보험	3	8	15	33
L	부동산, 임대	2	6	13	21
M	전문, 과학, 기술	4	13	19	50
N	사업시설, 사업지원	2	7	13	21
O	행정, 국방, 사회보장	1	5	8	25
P	교육서비스	1	7	16	29
Q	보건 및 사회복지	2	6	9	21
R	예술, 스포츠, 여가	2	4	17	43
S	협회, 수리, 개인	2	4	17	43
T	자가소비생산활동	2	3	3	3
U	국제 및 외국기관	1	1	1	2

국내 서비스 산업 동향

국가경쟁력 비교

스위스 제네바에 위치한 민간 국제기관인 세계경제포럼World Economic Forum: WEF은 매년 국가 전체의 제도적 측면에 중점을 둔 국가경쟁력을 평가해서 발표WEF Global Competitiveness Report, http://www.weforum.org/gcr하고 있다. 평가는 세계경제포럼 내에 있는 세계경쟁력 네트워크Global Competitiveness Network에서 수행하고 있다. 세계경쟁력 네트워크는 대상 국가들을 다음 표와 같이 1인당 국민소득에 따라 미국 달러 2,000 미만 국가 그룹인 1단계 요소 지향 경제부터 미국 달러 1만7000 초과 국가 그룹인 3단계 혁신 주도 경제까지 5단계로 분류하고, 단계별 가중치를 달리하여 통계자료 및 설문조사를 이용하여 국가경쟁력을 평가한다.

세계경제포럼의 국가 경쟁력 평가 내용

단계	기준(1인당 국민소득)	단계별 가중치 (%)	해당 국가
3단계 (혁신 주도 경제)	미국 달러 17,000이상	기본요인(20) 효율성 증진(50) 기업혁신 및 성숙도(30)	우리나라 포함 33개국
2단계 → 3단계	미국 달러 9,000~17,000	국가별 상이	15개국
2단계 (효율성 증진 경제)	미국 달러 3,000~9,000	기본요인(40) 효율성 증진(50) 기업혁신 및 성숙도(10)	27개국
1단계 → 2단계	미국 달러 2,000~3,000	국가별 상이	16개국
1단계 (요소 지향 경제)	미국 달러 2,000 미만	기본요인(60) 효율성 증진(35) 기업혁신 및 성숙도(5)	43개국

표를 살펴보면, 단계 열에서 1단계인 요소 지향 경제는 천연자원이나 비숙련 노동력 등을 바탕으로 가격경쟁력에 주안점을 둔 기초상품을 판매해 나가는 단계를 의미하며, 2단계인 효율성 증진 경제는 제품공정의 효율화를 통하여 제품의 품질을 개선해 나가는 단계를 지칭하고, 3단계인 혁신 주도 경제는 신제품이나 혁신제품 등을 통한 경쟁으로 고임금 및 높은 수준의 삶의 질을 유지해 나가는 단계로 이해하면 된다.

한편 해당 국가 열의 데이터는 2009~2010년 기준이며, 우리나라는 효율성 증진 경제와 혁신 주도 경제의 중간인 2단계와 3단계 사이에 속해 있다가, 2007~2008년에 혁신 주도 경제로 진입하여 3년 연속 3단계 경제체계로 분류되고 있다.

산업별 산출액 비교

아래 표는 우리나라와 우리의 주요 교역국에 대하여 경제협력개발기구Organization for Economic Cooperation and Development: OECD 자료를 바탕으로 국가 전체의 총 산출액에서 각 업종의 산출액이 차지하는 비중을 비교 분석한 것이다. 여기서 중국은 2005년 기준이고, 그 외 국가는 2006년 기준이다.

국가별 업종별 매출액 비중 비교 (단위 : %)

분류 기준	대한민국	중국	일본	미국	독일
농축산업	2.24	7.20	1.42	1.29	1.06
광업	0.22	3.56	0.12	1.80	0.31
제조업	48.84	50.75	33.60	21.20	36.22
전력 및 가스업	2.48	3.55	3.14	1.82	2.55
건설업	8.05	15.57	7.19	5.06	4.64
서비스업	38.17	27.15	54.53	68.82	55.22

표를 살펴보면, 우리나라는 중국과 마찬가지로 제조업의 비중이 50%에 달하고 있으나 일본, 미국, 독일은 상대적으로 낮은 제조업 비중을 나타내고 있다. 특히 미국은 제조업이 21.2%로 매우 낮은 비중을 보였으며 서비스업이 68.82%에 달할 정도로 경제성장을 견인하고 있는 것으로 나타났다. 이것은 우리나라의 산업구조가 아직

중국과 마찬가지로 제조업 위주의 개발도상국 산업구조에 머무르고 있음을 의미하는 것이다.

업종별 인건비 비교

아래 표는 우리나라와 우리의 주요 교역국에 대하여 경제협력개발기구 자료를 바탕으로 국가 전체의 인건비에서 각 업종의 인건비가 차지하는 비중을 비교 분석한 것이다. 여기서 중국은 2005년 기준이고, 그 외 국가는 2006년 기준이다.

국가별 업종별 인건비 비중 비교 (단위: %)

분류 기준	대한민국		중국		일본		미국		미국	
	산출액 기준	인건비 기준	산출액 기준	인건비 기준	산출액 기준	인건비 기준	산출액 기준	인건비 기준	산출액 기준	인건비 기준
농축산업	2.24	0.71	7.20	26.88	1.42	0.76	1.29	0.54	1.06	0.71
광업	0.22	0.18	3.56	2.66	0.12	0.08	1.80	0.77	0.31	0.38
제조업	48.84	27.61	50.75	25.54	33.60	20.89	21.20	13.86	36.22	27.9
전력 및 가스업	2.48	1.07	3.55	1.95	3.14	1.60	1.82	0.75	2.55	1.50
건설업	8.05	11.52	15.57	7.14	7.19	8.52	5.06	5.70	4.64	4.40
서비스업	38.17	58.92	27.15	35.83	54.53	68.14	68.82	78.37	55.22	65.11

표를 살펴보면, 인건비를 기준으로 한 제조업의 비중은 미국이 10%, 그 외의 국가가 모두 20~30%대에 그치고 있으며 중국을 제외한 모든 국가가 서비스업의 비중이 50% 이상을 차지한다. 특히 우리나라는 산출액 기준으로 38%에 불과했던 서비스업의 비중이

인건비를 기준으로 하면 60%에 달할 정도로 비중이 높아져 서비스업에 대한 노동력 집중이 활발히 진행되고 있는 것으로 분석되었다.

업종별 노동생산성 비교

아래 표는 우리나라와 우리의 주요 교역국에 대하여 경제협력개발기구 자료를 바탕으로 총산출 기준 노동생산성인건비 대 총산출액 및 부가가치 기준 노동생산성인건비 대 부가가치액을 비교 분석한 것이다. 여기서 중국은 2005년 기준이고, 그 외 국가는 2006년 기준이다.

국가별 업종별 노동생산성 비중 비교

분류 기준	대한민국		중국		일본		미국		미국	
	총산출 기준	부가가 치 기준	총산출 기준	부가가 치 기준	총산출 기준	부가가 치 기준	총산출 기준	부가가 치 기준	총산출 기준	부가가 치 기준
농축산업	16.14	8.99	1.88	1.10	6.97	3.74	7.86	3.02	5.57	2.19
광업	6.27	3.85	9.42	4.39	5.03	2.27	7.70	4.55	3.00	1.11
제조업	9.06	1.98	13.98	3.21	5.96	1.98	5.06	1.66	4.83	1.51
전력 및 가스업	11.88	4.26	12.84	4.49	7.25	3.95	8.00	4.86	6.32	2.83
건설업	3.58	1.53	7.67	1.96	3.13	1.44	2.94	1.52	3.93	1.59
서비스업	3.32	1.90	5.33	2.61	2.97	2.01	2.91	1.74	3.16	1.95
전 산업	5.12	1.96	7.03	2.40	3.71	2.00	3.31	1.77	3.72	1.82

표를 살펴보면, 총산출 기준 노동생산성은 우리나라가 중국 다음으로 높은 수준을 보이고 있다. 그러나 부가가치 기준 노동생산성에서는 다른 국가 대비 낮거나 격차가 축소되는 경향을 보여 우리나

라가 타 국가보다 부가가치 창출능력이 떨어지는 것으로 나타났으며 이 현상은 서비스업에서 특히 심한 것으로 분석되었다.

우리나라 서비스산업의 고용비중은 1990년 54.8%, 2000년 61.2%, 2007년 66.7% 등으로 지속적으로 증가하고 있는 추세다. 특히 제조업의 취업자수가 감소하면서 서비스산업은 경제전반의 일자리 창출의 핵심 역할을 수행하고 있다. 그러나 GDP중 우리나라 서비스산업의 비중은 OECD 국가 중에서 최하위권2006년 기준에 머무르고 있다. 반면 제조업의 비중은 28.0%로 OECD 국가 중에서 1위이다.

또한, 서비스산업의 경제성장 기여율을 살펴보면, 미국, 일본, 영국, 프랑스, 독일 등 주요국은 82.6%로 상대적으로 높은 수치를 보이고 있으며 더욱이 계속 증가하고 추세를 나타내고 있어서 서비스산업이 경제성장을 주도한다고 해석할 수 있는데 반해 우리나라는 상대적으로 낮은 52.6%이며 서비스산업의 경제성장기여율이 지속적으로 감소하고 있다.

서비스 산업의 이슈

서비스의 역사는 오래되었다. 고대 그리스 시대부터 왕후나 귀족, 대부자들이 이용하던 속달꾼이나 우리 선조들이 이용하던 한방의술, 민간요법, 서당, 봉화제도 등이 모두 서비스에 해당된다. 그러나 사람들은 그런 서비스의 긴 역사에도 불구하고 아직은 서비스에 대한 이해가 부족한 것이 현실이다. 그럼에도 불구하고 서비스는 현재도 진화를 거듭하고 있다. 먼저 숙박 서비스를 살펴보자.

술 주酒자에 장막Tent 막幕자를 쓰는 주막은 도시의 객주客主나 여각旅閣과 달리 장시場市가 열리는 곳이나 역驛이 있는 곳, 나루터, 광산촌 등 주로 시골에서 여인숙의 역할을 하였다. 이 주막에서는 가는 길 중간에 들러 술이나 밥을 사먹으면 보통 음식값 외에는 숙박료를 따로 받지 않았고 서비스로 10여 명이 혼숙할 수 있는 침구 없는 1~2칸의 온돌방을 제공하였다. 즉 예전에는 주막이 잠을 자기 위한 일종의 숙박 서비스였다.

숙박 서비스의 변화

그러나 지금은 우리의 생활환경과 삶의 질이 높아져서 잠을 잔다는 것에 대한 눈높이도 바뀌었다. 우리가 보통 콘도Condo라고 부르는 콘도미니엄Condominium을 생각해 보자. 콘도미니엄은 호텔을 객실 단위로 분양한 후 구입자가 사용하지 않는 기간 중에 관리회사가 그 객실을 위탁 운영하여 임대료를 수입의 일부로 받는 유럽에서 시작된 경영방식의 숙박시설이다. 이 콘도를 선택하는 부모들은 아이들과 물놀이나 스키, 골프 등도 하고 등산 등 자연 체험도 할 수 있는 문화 환경을 즐기기 위하여 일류호텔에 버금가는 하루 20~30만원 정도의 숙박료를 기꺼이 지불한다. 즉, 지금은 콘도가 잠을 자는 숙박서비스 자체뿐만 아니라 숙박을 둘러싸고 있는 새로운 문화도 느낄 수 있도록 하는 환경을 제공한다는 것이다.

이번에는 통신서비스의 변화과정을 살펴보자.

봉화 봉烽자에 불 화火 자를 쓰는 봉화는 옛날에 신호용으로 사용했던 햇불이다. 국가에서 전국의 주요 산정山頂에 봉화대를 설치하여 나라에 병란이나 사변이 있을 때 낮에는 토끼 똥을 태운 연기로, 밤에는 불빛으로 신호를 하였는데, 상황에 따라 올리는 횟수가 달랐다. 즉 예전에는 봉화가 신호를 보내기 위한 일종의 통신서비스였다.

통신 서비스의 변화

그러나 지금은 우리의 생활환경과 삶의 질이 높아져서 통신에 대한 눈높이도 바뀌었다. 일명 손안의 PC로도 불리는 스마트폰은 기존의 휴대전화에 컴퓨터처럼 운영체제를 탑재한 이동통신 단말기다. 이 스마트폰 사용자들은 음성통신은 물론 인터넷에 연결된 스마트폰을 중계기로 사용하여 노트북에서 인터넷에 접속테더링 Tethering하고, 두 대의 스마트폰을 접촉시켜 서로 프로필을 교환범프 Bump하고,

카페나 라디오에서 나오는 몇 소절 멜로디만으로도 노래 제목과 작곡가는 물론 가사도 검색하기 위하여 기존 휴대전화 요금의 두 배 이상을 기꺼이 지불한다. 즉 지금은 스마트폰이 음성통신서비스 자체뿐만 아니라 통신을 둘러싸고 있는 새로운 문화도 느낄 수 있도록 하는 환경을 제공한다는 것이다.

숙박 서비스나 통신 서비스와 마찬가지로 공연 서비스나 교육 서비스 등도 계속해서 진화해 나가고 있다.

공연 서비스의 변화

서비스의 특성

서비스가 끊임없는 진화과정을 통해 높은 부가가치를 창출해 나가고는 있지만, 여전히 사람들은 말한다. 서비스는 어렵다고. 그 이유는 다음과 같은 서비스의 특성 때문이다.

특징	내용
무형성 (Intangibility)	서비스는 제품에 비하여 상대적으로 가시적이 않아서 인지가 쉽지 않다는 특성이 있다. 무형성은 '보이지 않아요' 그리고 '결과를 만질 수도 없어요' 정도로 생각하면 된다.
비분리성 (Inseparability)	서비스는 생산과 소비가 동시에 발생하는 특성이 있다. 따라서 서비스에서는 인사관리를 잘해야 한다. 비분리성은 '생산과 소비가 동시에 일어나요' 그래서 '따로가 아니라 같이 가요' 정도로 생각하면 된다.
이질성 (Heterogeneity)	서비스는 생산 인도과정에서 가변적 요인들이 많기 때문에 한 고객에 대한 서비스가 다음 고객에 대한 서비스와 다를 가능성이 있다. 이질성은 '이랬다 저랬다 해요' 그래서 '표준화가 어려워요' 정도로 생각하면 된다.
소멸성 (Perishability)	서비스는 재고로 보관할 수 없기 때문에 판매되지 않은 서비스는 사라지게 되는 특성이 있다. 소멸성은 '판매되지 않은 서비스는 사라져요' 그래서 '재고를 가질 수 없어요' 정도로 생각하면 된다.

서비스 산업의 이슈 해결 방안

서비스 시스템

최근 서비스 특성에서 유발되는 어려움을 극복하고자 하는 노력이 다양하게 시도되고 있다. 그 중에서 IBM이 주창한 '서비스 과학, 경영 및 공학Service Science, Management and Engineering: SSME' 개념이 대표적이다. 그런데 이 개념은 서비스 시스템을 바탕으로 하고 있다. 그래서 시스템에 대한 이해가 중요하다. 먼저 다음과 같은 미국 프로야구의 플래툰 시스템 사례를 통하여 시스템에 대한 감을 잡아보도록 하자.

플래툰 시스템Platoon System이란 상대 투수의 유형에 따라 한 포지션에 기량이 엇비슷한 선수를 번갈아 기용하는 것을 말한다. 미국 프로야구팀 보스턴 브레이브스의 스톨링 감독은 1914년에 플래툰 시스템을 역사상 처음으로 도입하였다.

1913년 보스턴 브레이브스의 성적은 내셔널리그 8개 팀 중에서 5위에 머물렀다. 이에 조지 스톨링 감독은 성적부진의 원인을 분석하여 리그에서 7위에 불과한 팀 타율이 문제임을 밝혀냈다. 그러나 보스턴 브레이브스는 타선 보강에 꼭 필요한 좋은 타자를 영입할만한 재원이 없었다. 조지 스톨링은 고심 끝에 특정 투수 유형에 강한 반쪽자리지만 특화된 선수를 트레이드를 통해 상대적으로 적은 돈으로 영입했다. 그리고 1914년 프로야구 시즌이 시작되자 경기 중·후반 결정적인 찬스 때마다 좌투수면 우타자를, 우투수면 좌타자를 대타로 기용하는 작전, 즉 플래툰 시스템을 구사하였다. 그 결과 보스턴 브레이브스는 내셔널리그 우승은 물론 월드시리즈 챔피언의 자리까지 오르는 엄청난 성과를 거두었다.

이후 1950년대 뉴욕 양키스, 1983년 볼티모어 오리올스 등이 조지 스톨링의 플래툰 시스템을 벤치마킹하여 월드시리즈를 우승하였으며, 이제 플래툰 시스템은 야구계의 상식이 되었다.

플래툰 시스템은 같은 손잡이의 투수가 던지는 볼을 쉽게 볼 수 없을 뿐만 아니라 같은 손잡이가 던진 안쪽 볼은 최단 거리로 오고 바깥쪽은 더 멀게 느껴지기 때문에 좌타자는 좌투수에, 우타자는 우투수에 약하다는 전제에서 출발한다. 그런데 2000년부터 10년간 미국 메이저리그의 좌우투수에 따른 좌우타자의 타율을 분석해 봤더니, 연도별로 좌우 투수에 따른 좌우 타자의 평균 타율에는 변화가 있지만, 좌타자가 우투수에, 그리고 우타자가 좌투수에 강한 것으로 나타났다.

한편 선수는 항상 경기에 나가기를 원한다. 그런데 플래툰 시스템에서는 어느 선수나 이 욕구를 충족할 수 없다. 경쟁을 통해 팀 전력을 극대화하기 위한 작전이 오히려 조직력을 모래알로 만들 수 있다. 결국, 플래툰 시스템이 효과를 보기 위해서는 감독의 역량이 중요하다. 플래툰 시스템으로 기용되는 선수들에 동기를 부여해서 경쟁력을 높일 수 있을 것인지가 관건이다.

이제 시스템이란 무엇인지에 대한 정의를 살펴보자.

시스템System은 '어떤 목적을 달성하기 위하여 유기적인 관계를 갖고 모인 부품들의 집합체'로 정의할 수 있다. 다음은 이러한 시스템의 일반적인 정의를 도식화한 것이다.

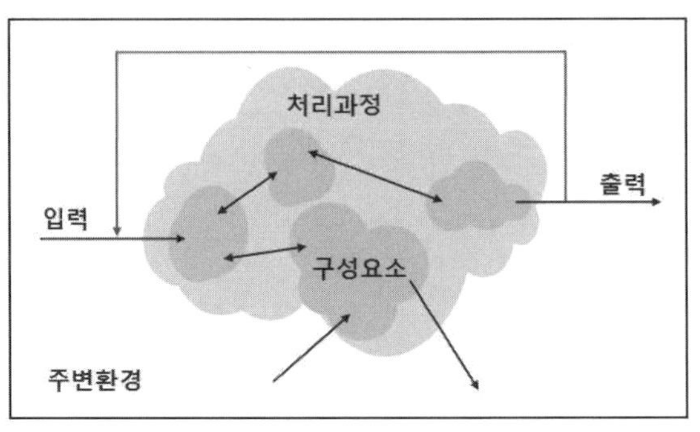

시스템의 일반적인 정의

그림을 살펴보면, 시스템은 더 이상 축소시킬 수 없는 부분이거나 하위시스템이라고 하는 부분들의 집합을 지칭하는 구성요소들에 의해 만들어지며, 주변환경에 둘러싸여 있다. 여기서 시스템과 그 주변환경을 구분하는 것을 경계선이라 한다. 또한 시스템은 시스템의 주변환경에서 입력을 받아 그것을 처리하여 그 결과를 시스템의 주변환경으로 반환한다. 그림에서 화살표는 시스템과 주변환경간의 상호작용을 나타낸다.

시스템은 우리 주변에 많이 있다. 기업을 예로 든다면, 기업 시스템은 어떤 목적을 달성하기 위하여 함께 활동하는 하나의 사업 단위에서 사용되는 비즈니스 사업 절차 또는 요소들의 상호 연관된 집합으로 정의할 수 있다. 또한 기업은 원자재를 구입하고 기업이 가지고 있는 생산시설 및 노동력을 투입하여 제품을 만들어 파는 과정을 반복함으로써 기업의 목표인 이윤 극대화를 추구하는 하나의 시스템이다. 이를 그림으로 표현하면 다음과 같다.

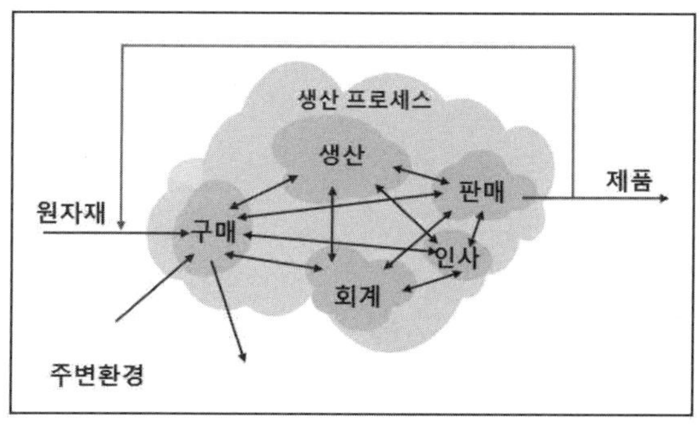

시스템으로서의 기업

이제 서비스 시스템에 대하여 정의해 보자.

서비스 시스템Service System은 '시스템의 주변환경에서 사람, 기술, 가치명제, 공유정보, 다른 서비스 시스템을 입력물로 받아서 서비스 제공자와 고객의 긴밀한 상호작용에 의한 가치 창출 과정을 통하여 서비스 혁신과 고객 경험을 출력하는 것'이다. 또한 공동 창출 프로세스를 통해 발생한 가치는 다시 서비스 시스템으로의 피드백 과정을 통하여 지속화 된다.

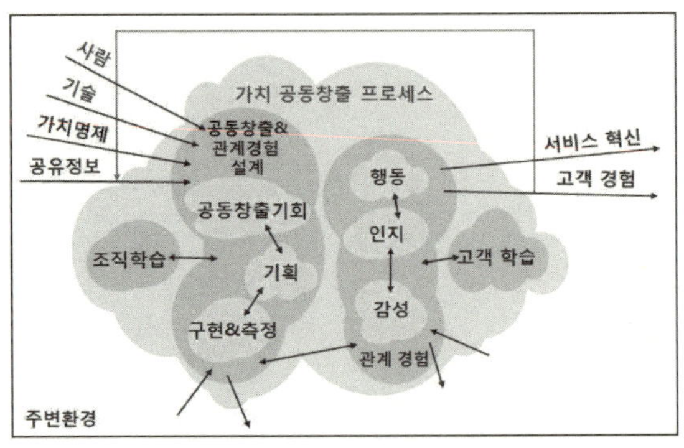

서비스 시스템

이 그림을 간단하게 표현하면 다음과 같다.

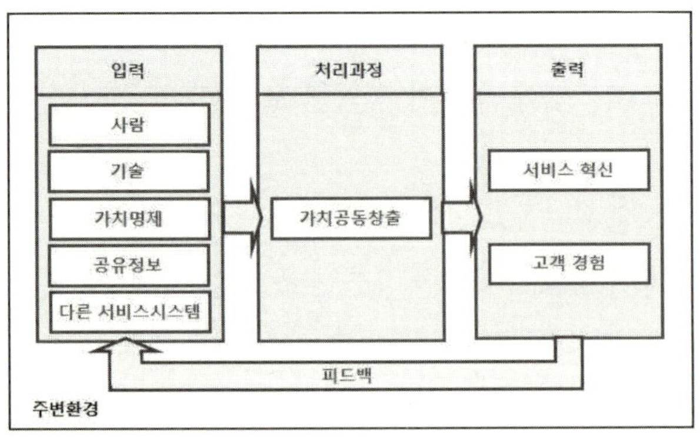

자료원 : "서비스력", 동아일보사, 2010

서비스 시스템

제조업의 서비스화 Servicization

최근 들어 제조기업들이 서비스화를 통하여 소속 산업 자체가 바뀌
는 경우도 종종 나타나고 있다. 사례기업들을 서비스화 형태별로

분류해 보면, 시간적 확장 사례, 공간적 확장 사례, 시간적 재배치 사례, 공간적 재배치 사례 등으로 나눌 수 있다. 각 서비스화 형태별로 대표 기업의 모습을 살펴보자.

첫 번째 사례 기업은 코닥Kodak이다. 코닥 사례는 시간적으로 연계되는 신규 서비스를 제공하여 고객과의 관계를 심화시킨 경우이다.

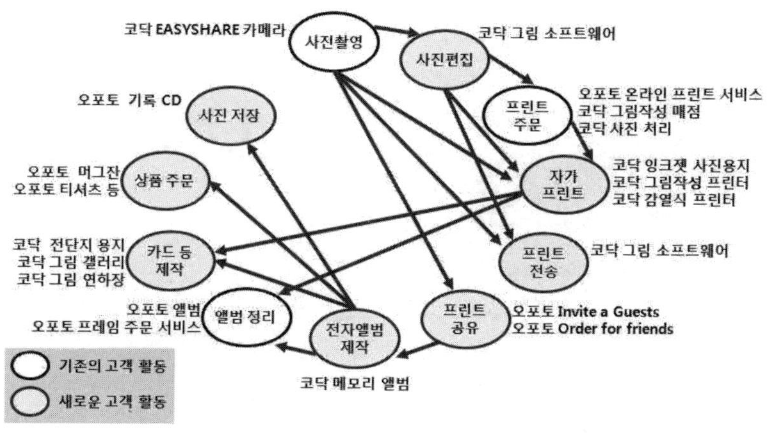

자료원: "Creating Growth with Services", MIT Sloan Management Review, 2004
코닥의 시간적 확장 사례

아날로그 필름사업의 쇠퇴로 위기를 맞은 코닥이 온라인 프린팅 서비스 기업인 오포토Ofoto를 인수하여 기존의 사진촬영, 프린트 주문, 앨범정리 정도의 서비스를 디지털기술을 이용한 고객들의 기억 관리 및 공유 서비스사진관련 종합서비스로 확장하였다. 코닥은 이를 통해 안정적인 수입 확보와 성장 지속이라는 두마리의 토끼를 모두 얻을 수 있었다.

두 번째 사례 기업은 GMGeneral Motors이다. GM 사례는 공간적으로 연계되는 신규 서비스를 제공하여 고객과의 관계를 넓힌 경우이다.

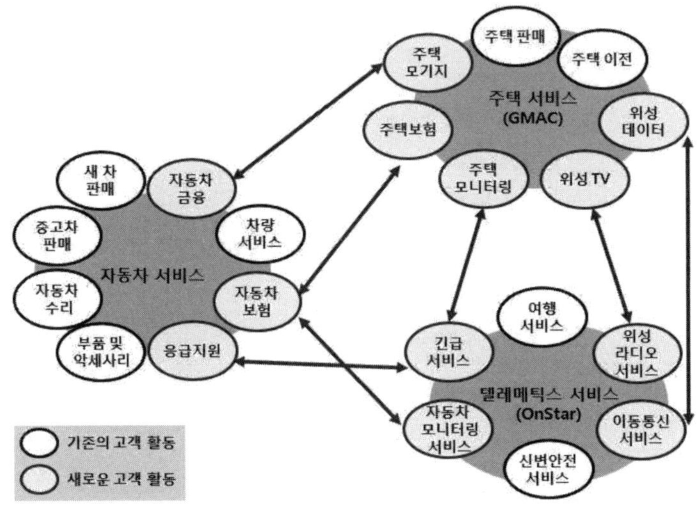

자료원: "Creating Growth with Services", MIT Sloan Management Review, 2004
GM의 공간적 확장 사례

자동차서비스플랫폼이 핵심이었던 GM은 기존의 고객 보조활동 지원서비스를 온스타OnStar라는 자회사를 설립하여 제공하였다. 그러자 이것이 텔레매틱스Telematics라는 새로운 서비스로 변신하였고, GM은 그를 통하여 2001년 말까지 200만 명에 이르는 온스타 가입자 확보와 80%를 넘는 회원 갱신율은 물론 미국 내에서 가장 큰 이동통신서비스 재판매업체로 변신하였다.

세 번째 사례 기업은 UPSUnited Parcel Service of America, Inc.다. UPS 사례는 새로운 서비스의 추가가 아닌, 기존 서비스의 내용과 구조를 변경한 경우이다.

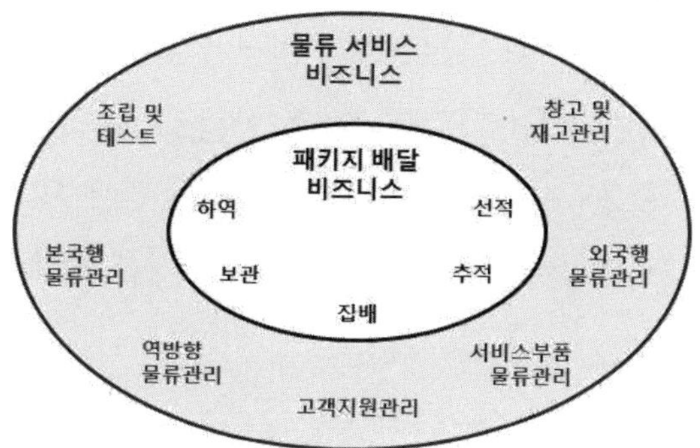

자료원: "Creating Growth with Services", MIT Sloan Management Review, 2004
UPS의 시간적 재배치 사례

UPS는 기존의 좁은 범위의 활동들을 고객이 수행하는 넓은 범위의 활동으로 통합하여 가치를 창조하였다.

네 번째 사례 기업은 나이키Nike다. 나이키 사례는 고객 보조활동의 구조와 통제를 변경시킨 서비스를 통해 성장한 경우이다.

자료원 : "Creating Growth with Services", MIT Sloan Management Review, 2004
나이키의 공간적 재배치 사례

나이키는 고객들이 경기력 향상을 위해 코치를 고용하거나 스포츠 캠프에 참여하는 기존의 스포츠훈련 관련 보조 활동을 브랜딩 계약을 통하여 나이키 캠프U.S. Sports Camp로 만들었다. 이를 통하여 나이키는 브랜드 충성도를 제고하여 자사 제품의 판매기회를 확대하게 되었고, 캠프는 나이키명성을 통해 캠프의 위상을 강화하게 되었다.

내용 확인 문제

1. _____________은 농업, 제조업, 서비스업 중에서 상대적으로 높은 부가가치를 창출한다.

2. 대만 아세르그룹 회장인 스탠 쉬가 제시한 _____________은 가치사슬상에서 기업 기능의 가치를 나타낸다.

3. 국가 전체의 제도적 측면에 중점을 둔 세계경제포럼의 국가경쟁력 평가에서 우리나라는 2009-2010년 기준으로 _______에 해당되는 것으로 평가되었다.

4. _____________은(는) OECD 자료 기준으로 우리나라, 중국, 일본, 미국, 독일 중에서 국가 전체 총 산출액 중 제조업의 비중이 가장 적은 국가이다.

5. 서비스의 특성은 _______________, _______________, ___________, __________이다.

6. ______________은 시스템의 주변환경에서 사람, 기술, 가치명제, 공유정보, 다른 서비스 시스템을 입력물로 받아서 서비스 제공자와 고객의 긴밀한 상호작용에 의한 가치 창출 과정을 통하여 서비스 혁신과 고객 경험을 출력하는 것이다.

7. 제조기업의 서비스화는 ______________, ______________, ______________, ______________ 등으로 분류될 수 있다.

8. ______________ 사례는 시간적으로 연계되는 신규 서비스를 제공하여 고객과의 관계를 심화시킨 경우이다.

9.______________ 사례는 공간적으로 연계되는 신규 서비스를 제공하여 고객과의 관계를 넓힌 경우이다.

'1부 다윗은 골리앗을 이길 수 있을까?' 를 마치며

깨진 유리창 하나를 방치해 두면 그 지점을 중심으로 범죄가 확산되기 시작한다는 깨진 유리창 이론Broken Windows Theory은 아무리 사소한 무질서라도 방치하면 큰 문제로 이어질 가능성이 높다는 의미를 담고 있다.

넷플릭스 사례에서도 넷플릭스 성장의 발판은 골리앗인 블록버스터가 고객들의 연체료 불만을 방치한 것이었다. 고객불만관리는 서비스 산업에서 특히 중요하다.

세상에 완벽한 것은 없다. 상대방이 나보다 약하고 실력이 뒤진다고 얕잡아봐서는 안 된다. 대비하지 않고 단점이 노출되면 의외의 결과가 나올 수도 있기 때문이다.

1부를 끝내며 한마디, '지피지기 백전백승知彼知己 百戰百勝'.

Part 2

불법은 죄일까?

불법선거, 불법사찰, 불법 대부업체, 불법 마케팅, 불법 컴퓨터프로그램, 불법 벌목, 불법포획, 불법도박, 불법주차 등 각종 신문지상에 수도 없이 오르내리는 용어 중 하나가 바로 불법이다. 불법不法은 전체 법질서의 관점에서 법규범을 위반하는 것을 말한다.

이번에 여러분이 만나게 될 기업은 애플이다. 애플을 논할 때 스티브 잡스를 꺼내는 것은 너무나 자연스러운 일이다. 사내 주차장에서 불법 주차도 서슴지 않는 스티브 잡스가 불법으로 판결 받은 냅스터의 핵심을 어떻게 제도권 안으로 끌어들일 수 있었을까?

 애플 사례

자기진단표

나의 애플 매니아 지수는 몇 점?

아이폰은 사용하고 있지만 스티브 잡스 밖에 생각이 안난다고요?
걱정하지 마세요. 책장을 넘기면 재미있는 애플의 성공 스토리가
흘러나오니까요. 애플의 성공 이야기를 읽다 보면 복잡한 비즈니스
세상 속에 흐르는 핵심 개념이 머리에 쏙쏙 들어와 쉽게 이해할 수
있어요.
먼저, 당신의 애플 매니아 지수부터 알아볼까요?

질문 1. 스티브 잡스는 우리가 벽돌깨기로 알고 있는 브레이크아웃
       게임을 어느 회사에 있을 때 만들었는가?

질문 2. 애플 컴퓨터사의 창업자는 누구인가?

질문 3. 높은 가격 등으로 인하여 판매가 부진했던 애플 리사LISA 컴
퓨터. 애플 컴퓨터사는 이 제품의 이름을 왜 리사라고 하였
을까?

질문 4. 최초의 아이팟은 언제 출시되었으며 얼마나 많은 노래를 담
을 수 있었는가?

질문 5. 애플 매장 중에서 가장 비싼 곳은?

답

1. 아타리Atari
2. 스티브 잡스, 스티브 워즈니악, 로날드 웨인
3. 스티브 잡스의 딸 이름이 리사Lisa였음
4. 2001년 출시, 5GB 용량으로 1,000곡 정도 저장 가능
5. 미국 맨하탄 5번가의 큐브

황당한 아이디어를 현실화하다!

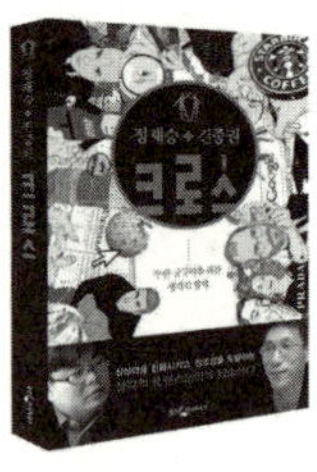

도서명 : 정재승 + 진중권 크로스: 무한 상상력을 위한 생각의 합계
지은이 : 정재승, 진중권
출판사 : 웅진지식하우스

《크로스》의 '디지털 세상, 어떤 사람이 구루가 되는가? 스티브 잡스' 부분에서 정재승 교수는 인류가 1980년 12월 둘째 주 월요일에 존 레넌(비틀스의 전 멤버인 그가 광적인 팬에 살해됨)이라는 천재를 잃은 대신에 그 주 금요일에 스티브 잡스(애플 주식 공모로 하룻밤 사이에 2,000억 원을 번 자수성가 탄생)라는 천재를 얻었다고 말한다.

정교수는 아이작 뉴턴 이후에 스티브 잡스는 가장 유명한 사과를 소유한 인물이 되었는데, 그것은 "다르게 생각하라!"는 철학을 배경으로 "과학과 예술을 행복하게 결합"하여 황당한 아이디어를 현실화하였기 때문이라고 분석한다.

책상머리에서 분석의 틀에 빠져버린 나도 이젠 책상 위에 스티브 잡스를 올려 놓고 비판적으로 수용해 봐야겠다.

세상이 불가능하다고 판단한 협상조차 가능하게 만드는 스티브 잡스의 협상력

도서명 : 스티브잡스의 신의 교섭력
지은이 : 다케우치 가즈마사(이수경 옮김)
출판사 : 에이지21

나는 스티브 잡스하면 창조적 능력과 프레젠테이션 능력을 떠올린다. 그러나 《스티브 잡스의 신의 교섭력》에서 나의 상상은 보기 좋게 딱지를 맞는다. 다케우치 가즈마사는 스티브 잡스의 일화를 교섭력 관점에서 조명하며 이야기를 풀어나간다.

어느 철학자가 인생은 태어남Birth과 죽음Death 사이에 수많은 선택 Choice으로 이뤄졌다는 의미에서 "Life is BCD"라고 했다. 스티브 잡스는 자신의 목적을 달성하기 위해서 타협을 허락하지 않는 탁월한 교섭력을 지닌 경영자이지만, 그는 사람을 인정사정 없이 깔아뭉개고 군림하는 비정한 결단도 서슴지 않는다.

나는 매력적인 프레젠테이션 속에 숨겨진 스티브 잡스의 그런 비정함까지도 사랑할 수 있는 걸까?

아이폰으로 즐기는 미래군의 하루

아이폰을 생활의 일부로 사용하고 있는 대학생 미래군의 하루생활
모습을 엿보기로 하자.

아침 6시 30분. 대학생인 미래군은 오늘도 아이폰의 '슬립 사이클
알람 클락Sleep Cycle Alarm Clock'이란 어플 덕에 상쾌하게 하루를 시작
한다.

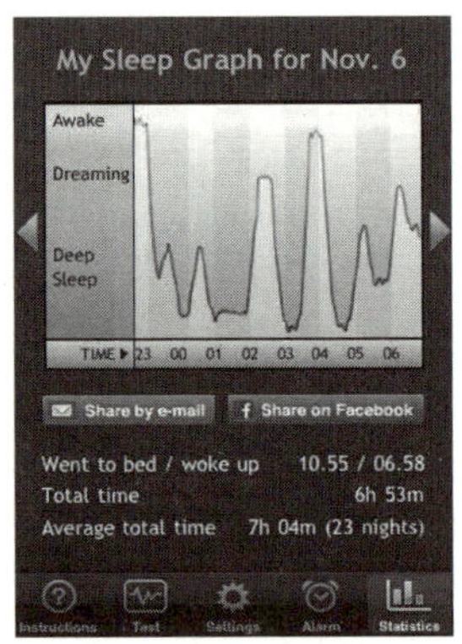

자료원 : http://www.ebuzz.co.kr/content/buzz_view.html?ps_ccid=83877

슬립 사이클 알람 클락Sleep Cycle Alarm Clock

이 어플은 아이폰의 중력센서를 이용하여 미래군의 뒤척거림을 감
지해 수면 패턴을 분석하여 깊은 수면상태를 피해 얕은 수면상태에
서 알람을 울려주어서 좋다. 미래군은 일어나기 전에 뉴욕타임즈
어플로 오늘 새로 나온 뉴스기사를 훑어본다.

아침 식사 후 미래군은 트위터 어플로 친구들의 소식을 확인하며 지하철로 향한다. 그런데 문득 어느 가게에서 흘러나오는 노래가 참 좋다는 느낌이 들었다. 그러나 노래제목이 영 생각나질 않는다. 미래군은 이때도 어김없이 아이폰에서 어플을 찾고 있다. 미래군은 '미도미 사운드 하운드Midomi Sound Hound' 어플로 가게에서 흘러나오는 노래 제목을 알아냈다.

자료원 : http://www.ebuzz.co.kr/content/buzz_view.html?ps_ccid=83877

미도미 사운드 하운드Midomi Sound Hound

이 어플은 특정한 노래 소리를 분석하여 그 노래의 제목, 가수, 앨범 정보는 물론 유튜브 검색 결과 등까지 알려주어서 좋다.

학교로 향하는 지하철 전동차 안에서도 미래군은 취업 준비를 위해 아이폰에 미리 다운받아 놓은 '이지보카 토익'으로 영어 단어를 암

기한다. 이 어플은 단어를 쉽게 연상할 수 있는 그림은 물론 원어민의 정확한 발음을 들을 수 있어서 좋다.

오전 수업을 마친 미래군은 점심시간이 되어 학교 밖으로 나간다. 취업 준비로 바쁜 하루이지만 여자친구와의 데이트도 빠질 수 없는 하루 일과이기 때문이다. 이때도 미래군은 '아이 니드 커피I need coffee' 어플로 현재 기분에 어울릴만한 만남의 장소를 쉽게 찾는다. 이 어플은 커피 전문점을 검색하면 주변에 있는 스타벅스, 할리스, 커피빈의 위치나 거리 정보를 슬롯머신처럼 아이폰 화면에 표시해주기 때문에 좋다.

커피 한 잔을 마시면서 오늘 수업에서 나온 숙제를 하다 보니 벌써 밤이 어두워졌다. 저녁을 먹자고 하는 여자친구. 주위에 어떤 맛집이 있는지 잘 떠오르지 않지만 미래군은 걱정이 없다. 미리 받아 놓은 '윙버스 서울맛집' 어플이 있기 때문이다. 이 어플은 음식점의 위치, 정보는 물론 음식 사진도 확인할 수 있어서 좋다.

데이트가 끝나고 여자친구와 헤어진 미래군은 '서울버스'와 '지하철' 어플로 집으로 가는 가장 빠른 경로를 검색해본다. 버스를 타고 가기로 결심한 미래군. 버스 안에서도 아이폰은 쉴 수가 없다. 왜냐하면 미래군이 오늘 여자친구와 함께 찍은 사진을 올리려고 페이스북 어플을 실행했기 때문에.

하루를 마치고 집에 돌아온 미래군은 씻고 잠자리에 들기 전에 '시크릿 다이어리' 어플에 내일 할 일을 정리한다. 그리고 '슬립 사이클 알람 클락' 어플에 내일 일어나야 할 시간을 설정하며 침대로 향한다.

애플 중심 인물의 성장 과정

스티브 잡스Steven Paul "Steve" Jobs는 미국 캘리포니아주의 항구도시 샌프 란시스코San Francisco에서 1955년 2월 24일 태어났다. 그러나 스티브 잡스가 태어나자마자, 대학원생 미혼모였던 친어머니는 꼭 대학을 보 내겠다고 약속한 노동자의 가정으로 스티브 잡스를 입양시켰다.

스티브 잡스는 17년 후 오리건주 포틀랜드에 있는 리드 대학에 입 학했지만 평생 막일을 해서 번 부모님의 돈을 학비로 다 쓴다는 것 을 받아들이기 힘들어 한 학기만 다니다 그만두었다. 그러나 스티 브 잡스는 리드대학 캠퍼스의 포스터와 게시물에 쓰인 글자체에 매 료되어 활자체 관련 수업은 3학기를 청강하기도 했다. 이것은 바로 나중에 '매킨토시'가 그렇게 아름답고 다채로운 글꼴을 가질 수 있 었던 계기가 되었다.

또한 그 당시 신문을 뒤적거리다 우연히 보게 된 '아타리Atari'라는 비디오게임회사에서도 잠시 일을 했으며, 인도에 가서 선불교에 빠 지기도 했다.

스티브 워즈니악

스티브 워즈니악Stephen Gary "Woz" Wozniak은 미국 캘리포니아주 서부의 도시 새너제이San Jose에서 1950년 8월 11일 태어났다. 스티브 워즈니악은 미-소 냉전시대에 미국 항공 우주국NASA의 미사일 관련 엔지니어였던 아버지로부터 "공학이란 우리가 이 세상에서 도달할 수 있는 것들 가운데 가장 중요한 것이며 엔지니어란 사람들이 새로운 사회로 나아갈 수 있도록 해주는 사람"이라는 공학정신을 배우며 성장했다. 스티브 워즈니악은 전자장치에 관심이 많았으며 이로 인하여 콜로라도대학교, 디 앤자대학, 캘리포니아 대학교 버클리 등 3개 대학에서 컴퓨터 공학을 공부했다.

스티브 잡스와 스티브 워즈니악의 만남

스티브 잡스와 스티브 워즈니악은 매우 다른 환경 속에서 성장하였지만, 둘은 1970년 여름에 우연히 같은 곳에서 메인프레임Mainframe 컴퓨터 관련 아르바이트를 하면서 고교 선후배 사이임을 알게 되고 다섯 살이라는 나이 차이에도 불구하고 친구가 되었다. 이후 두 사람은 대학을 중퇴하고 스티브 잡스는 1972년에 설립된 아타리사Atari에 들어갔고, 스티브 워즈니악은 HP에 들어갔다. 그런데 여기서 스티브 잡스와 스티브 워즈니악 사이에 재미있는 에피소드가 발생한다.

아타리의 창업자인 놀란 부쉬넬Nolan Bushnell은 스티브 잡스에게 집적회로Integrated Circuit: IC를 적게 사용하는 1인용 비디오 게임 '브레이크아웃벽돌깨기 게임'을 설계하면 보너스를 1,000달러 주겠다고 제안하였다. 그러자 스티브 잡스가 꾀를 내서 스티브 워즈니악에게 사탕과 콜라를 사주면서 "보너스가 600달러700달러라는 이야기도 있음인데 반씩 나눠 갖자"고 제안했다. 이에 스티브 워즈니악이 48시간 만에 게임을 설계해내자, 스티브 잡스는 이를 가지고 1,000달러의 보너스를 받는다. 그런데 그 다음 이야기가 재미있다. 스티브 잡스는 처음에 스티브 워즈니악에게 약속했던 300달러만 주고, 나머지 700달러는 자신이 챙겼다.

애플의 역사

애플 탄생의 시대적 배경

1975년에 《파퓰러 일렉트로닉스Popular Electronics》 1월호가 50만 권이나 팔려나가는 대박을 터뜨렸다. 그 이유는 바로 미국 뉴멕시코 주 앨버커키에 있는 MITSMicro Instrumentation and Telemetry Systems라는 중소기업에서 개발한 '알테어Altair 8800'이라는 이름의 푸른 색칠을 한 최초의 조립식 개인용 컴퓨터가 이 잡지표지를 장식하고 있었기 때문이었다.

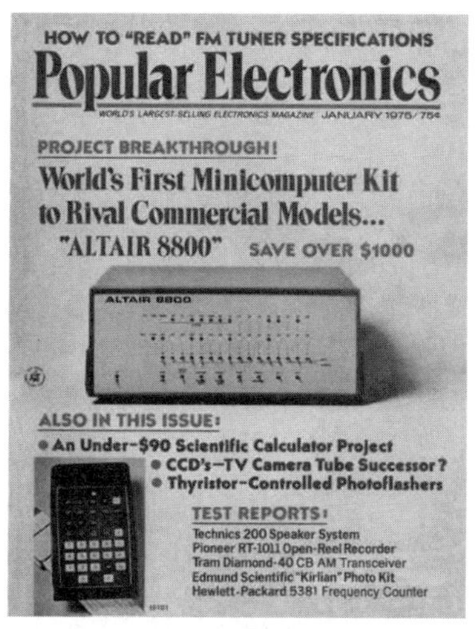

자료원 : http://www.zdnet.co.kr/ArticleView.asp?artice_id=20100415154103

파퓰러 일렉트로닉스지 1975년 1월호 표지

알테어는 오븐 크기 정도로 작았기 때문에 개인용 책상 위에 놓을 수도 있고 가격도 397달러 정도였다. 그리고 그 안에는 인텔의 8080 마이크로프로세서 칩도 들어있었다. 그러나 이 순간 사용자와 알테어간의 소통은 전면에 깜빡이는 LED 불빛뿐이었다. 그래도 알테어는 개인용 컴퓨터에 목말랐던 사람들에게는 단비와도 같은 소식이었다. 적어도 빌 게이츠와 스티브 워즈니악에게는 말이다.

먼저, 빌 게이츠부터 살펴보자. 로버트 크린질리의 《우연의 왕국 Accidental Empires》에 소개된 마이크로소프트 전 회장 빌 게이츠의 다음과 같은 회고는 그에 대한 단적인 예라 할 수 있다.

빌 게이츠와 폴 알렌은 그것을 보고 기가 막혔다. "말도 안돼! 우리를 빼고 이런 일이 일어나다니. 사람들은 이 칩에 필요한 진짜 소프트웨어를 만들기 시작할거야!" 빌 게이츠와 폴 알렌은 그 잡지의 표지를 보고 개인용 컴퓨터 혁명의 첫 단계에 진입하는 것을 평생의 기회라고 생각했고, 그들은 그것을 붙잡았다.

빌 게이츠와 폴 알렌은 잡지를 보고 MITS에 전화를 걸어 알테어용 베이직 프로그램을 작업하고 있다고 말했다. MITS는 관심이 있다고 말했지만 사실 잡지에 나온 알테어는 대충 급조해서 찍은 빈 상자였기 때문에 MITS는 빌 게이츠와 폴 알렌에게 알테어 매뉴얼을 보내주었다. 빌 게이츠와 폴 알렌은 6주 동안 죽기살기로 일해서 마침내 판매될 알테어에 들어가는 소프트웨어를 만드는 계약을 체결하였다.

다음은 샌프란시스코 지역에서 자란 천재 스티브 워즈니악Steve Wozniak의 이야기다. 자신의 책 《스티브 워즈니악》에서 스티브 워즈니악은 알테어에 자극받아 만든 컴퓨터에 대하여 다음과 같이 회고하고 있다.

"나는 키보드의 키를 몇 개 눌러 보았다. 놀라운 순간이었다. 내가 누른 글자가 화면에 나타나는 것이 아닌가. 1975년 6월 29일 일요일. 그때 나는 그 일이 얼마나 중요한 일인지 몰랐다. 역사상 처음

으로 키보드로 글자를 쳐서 눈앞 스크린에 띄우는 일이 얼마나 획
기적인 일이었는지를"

애플 컴퓨터Apple Computer Inc. 시대

스티브 잡스는 1975년 6월 29일 스티브 워즈니악이 만든 컴퓨터(이
컴퓨터는 뒤에 애플 I이 됨)를 보고 스티브 워즈니악를 설득하였다.
당시 21세였던 스티브 잡스는 자신의 폭스바겐 자동차를 판 1,000달
러로 25세의 스티브 워즈니악, 42세의 중년 로널드 웨인Ronald Wayne과
함께 1976년 4월 1일 만우절에 애플 컴퓨터Apple Computer Inc.를 설립하
였다. 초기 지분은 스티브 잡스와 스티브 워즈니악이 각각 45%, 로널
드 웨인이 10%였다. 로널드 웨인은 애플 컴퓨터 설립과정에서 컴퓨
터 성능테스트, 회로제작, 광고기획, 정보수집, 문서관리 등의 일을
하였는데, 애플 컴퓨터의 첫 번째 로고와 회사 운영매뉴얼이 바로 그
의 작품이었다. 그런데 이 대목에서 로널드 웨인에 대한 다음 이야기
는 인생 선배로써 시사점이 있어 보인다.

자료원 : http://en.wikipedia.org/wiki/Steven_Paul_Jobs
　　　　http://en.wikipedia.org/wiki/Steve_Wozniak
　　　　http://en.wikipedia.org/wiki/Ron_Wayne

스티브 잡스, 스티브 워즈니악, 로널드 웨인

스티브 잡스가 애플 컴퓨터를 설립하기 전에 아타리라는 회사에서 몇 년 동안 함께 일했던 로널드 웨인에게 자신과 스티브 워즈니악 사이에 분쟁이 발생하면 중재해 달라며 애플 컴퓨터 지분의 10%를 주었다. 그러나 로널드 웨인은 애플 컴퓨터를 설립한지 11일 만에 퇴사하였다. 로널드 웨인은 최근 당시를 이렇게 회상한다.

"나보다 각각 20살, 15살 어린 스티브 잡스와 스티브 워즈니악은 불도저처럼 모든 것을 밀어붙였고 회사를 성공시키기 위해 무엇이든 할 기세였다. 그들과 일하다가는 돈은 많이 벌 수 있을지언정 금세 죽어버릴 것만 같았다. 나는 당시 42세로 스티브 잡스나 스티브 워즈니악처럼 위험을 감당할만한 처지는 아니었다. 그래서 내 지분 10%를 단지 800달러약 97만원에 회사에 넘기고 퇴사했다. 나도 다른 사람들처럼 돈을 좋아한다. 하지만 나는 역사적으로 중요한 시점에 서있는 순간에도 그 사실을 알아차리지 못한다"

이 지분 10%는 현재 애플 가치로 환산할 때 220억 달러에 해당된다. 그는 애플 컴퓨터를 그만두고 여러 회사를 전전했지만, 현재는 정부의 사회보장연금으로 살면서 얼마 안 되는 희귀동전과 우표 거래를 부업으로 하며 지내고 있다. 지금까지 그는 애플 제품을 단 한 번도 산 적이 없으며 컴퓨터도 델사 제품을 쓴다.

하여튼 다시 본론으로 돌아와서, 애플 컴퓨터를 설립한 스티브 잡스와 스티브 워즈니악은 키보드로 프로그램 코드를 입력하면 그것이 스크린에 나타나는 우편주문으로 666달러 66센트짜리 '애플 I' 컴퓨터를 만들었다.

자료원 : http://www.ebuzz.co.kr/content/buzz_view.html?ps_ccid=77890
http://www.mt.co.kr/view/mtview.php?type=1&no=2010051114385178766&outlink=1

애플 I과 발매 당시 광고

그런데 이 애플 I이란 컴퓨터는 본체만 있었다. 그래서 글자를 입력하려면 키보드를 별도로 구매해서 연결해야 했고 화면 출력을 하려면 모니터를 별매하여 연결해야 했다. 그럼에도 불구하고 애플 I은 초기의 판매부진을 극복하고 크래머 일렉트로닉스Cramer Electronics라는 전자 부품 판매 회사에 주문 판매를 하게 되었다.

애플 I이 시장에 진입하게 되자 그들은 신제품 개발에 착수하여 1977년 3월 16일에 미국 서부 해안 컴퓨터 전시회West Coast Computer Faire에서 한 입 베어먹은 무지개 빛깔 사과 로고(애플 컴퓨터보다 8년이나 빠른 1968년 설립된 비틀즈의 애플 레코드 상표도 사과임)를 단 '애플 II'를 처음 소개하였다. 그리고 6월 5일부터 코모도어 PET와 TRS-80 등 다른 경쟁 제품보다 고가인 1천298달러로 판매에 들어갔다. 그럼에도 당시 컬러화면이 있는 유일한 컴퓨터였던 애플 II는 곧 시장을 선도하는 제품이 되었다.

자료원 : http://www.zdnet.co.kr/ArticleView.asp?artice_id=20100415154103

애플 II

애플 II는 기존의 흑백 문자 사용 환경을 컬러 그래픽으로 장식하였으며, 당시 개발된 스프레드시트 등의 프로그램을 통하여 애플 II의 활용도를 높였다. 이후에 애플 컴퓨터는 캘리포니아 주 소재 학교에 애플 II 컴퓨터 및 소프트웨어 지원 등을 바탕으로 교육용 시장을 선점하였고 더 나아가 가정용 시장에도 진출하기 시작하였다.

이후 1979년 12월에 스티브 잡스는 제록스 팔로알토연구센터PARC를 둘러볼 수 있는 기회를 얻었다. 여기서 스티브 잡스는 제록스가 처음에 보여준 마우스를 사용하여 커서를 움직이는 그래픽 사용자 인터페이스Graphic User Interface: GUI에 넋이 나가고 말았다. 10여분이 지나고 나서야 겨우 정신을 차린 스티브 잡스는 이내 미래의 컴퓨터는 모두 그런 식으로 작동할 것이라고 확신하게 되었다. 다행히 제록스는 냉장고 크기의 컴퓨터에만 관심이 있었다. 그래서 스티브 잡스는 머릿속에서의 아이디어를 개인용 컴퓨터를 중심으로 구체화해 나갔다.

그런데 대형 컴퓨터로 시장을 주름잡던 '빅블루' IBM이 개인용 컴퓨터 시장에도 진출하였다. 애플은 1981년 월스트리트저널에 "개인용 컴퓨터 시장에 뛰어든 IBM을 진심으로 환영한다"는 제목의 광고를 실었고, 같은 해에 음악 분야에는 진출하지 않겠다는 조건으로 비틀즈에 10만 달러 정도의 상표 사용료를 지불하였다. 한편, 스티브 잡스는 시장이 원하는 날짜를 결정하여 프로젝트를 밀어 부쳤다. 예를 들어 애플 프로젝트 팀원들은 해적기가 걸린 건물 안에서 '일주일에 90시간, 즐겁게 일하자'라고 문구가 박힌 티셔츠를 입고 밤새워 일해야 했다.

그럼에도 불구하고 역사와 전통으로 신뢰를 쌓은 IBM과 MS-DOS를 번들로 제공한 마이크로소프트 등의 연합 전선은 수익성 높은 업무용 시장을 차지하면서 애플을 압박해 나갔다. IBM, 라디오색 Radio Shack, 코모도어 등과 힘겨운 경쟁을 해나가던 애플은 1983년에 애플 리사LISA를 출시했다. 리사는 공식적으로는 "Local Integrated Software Architecture"의 약자이지만, 공교롭게도 스티브 잡스의 딸 이름도 리사Lisa였다. 그러나 리사는 GUI와 통합된 마우스를 최초로 소개한 혁신적인 인터페이스에도 불구하고 9,995

달러에 달하는 높은 가격과 애플 II 소프트웨어와 리사 OS간의 비
호환성 등의 약점 때문에 판매가 부진해서 4년 만에 단종되었다.

이에 애플은 제프 라스킨의 저가 컴퓨터 프로젝트로 대체하여
1984년 1월 24일에 GUI와 마우스를 사용한 2,500달러짜리 '맥킨
토시Macintosh'를 발표하였다.

애플 맥킨토시

이 맥킨토시는 GUI와 마우스를 사용해서 상업적으로 성공한 최초
의 개인용 컴퓨터였다. 현재 윈도우즈 등에서 사용하는 아이콘, 창
등을 일반인에게 최초로 선보인 곳이 바로 매킨토시이다. 1948년
노벨 문학상 수상자 엘리엇이 말한 "미성숙한 시인들은 모방하고 성
숙한 시인들은 훔친다"라는 구절이 떠오르는 대목이 아닐 수 없다.

그러나 스티브 잡스가 펩시콜라의 존 스컬리를 "남은 인생을 설탕
물이나 만들며 살 생각인가요? 그러지 말고 나와 함께 세상을 바꿀

일을 합시다!"라는 멋진 유혹으로 1983년에 애플 CEO에 앉혔지만, 존 스컬리는 1985년에 구성원의 의견을 무시하고 자신의 뜻만 주장한다는 등의 이유로 스티브 잡스를 애플에서 해고하였다. 스티브 잡스가 미처 상상하지 못했던 일이 발생하고 만 것이다.

애플Apple Inc. 시대

스티브 잡스는 자신이 가지고 있던 애플 컴퓨터의 주식 650만주를 판 돈과 애플에서 함께 일했던 애플컴퓨터 최고의 기술자인 애플 펠로우Apple Fellow 릭 페이지, 소프트웨어 개발 매니저인 다니엘 르윈 등 다섯 명의 핵심인력을 데리고 가서 1985년에 넥스트NeXT라는 이름의 기업을 설립하였다. 또한 1986년에 스티브 잡스는 영화감독 조지 루카스가 부인 마르시아에게 줄 이혼위자료를 충당하기 위하여 루카스 필름의 컴퓨터 그래픽 부분을 3,000만 달러에 매각하려고 할 때, 3분의 1 가격인 1,000만 달러에 사서, 알비 레이 스미스 4%와 에드 캣멀 4%를 제외한 나머지 92%의 지분으로 새로운 애니메이션 회사 픽사Pixar를 탄생시켰다.

넥스트는 '넥스트큐브'라는 신제품을 출시하였지만 판매 부진에 시달렸다. 스티브 잡스는 마케팅 담당 부사장인 다니엘 르윈 등에게 이에 대한 책임을 물어 해고했다. 그러자 마케팅 매니저인 카렌 시프렐 등도 뒤따라 나갔다. 하지만 픽사에서는 다행스럽게도 애니메이션의 천재인 존 래스터의 재능과 관객을 사로잡는 디즈니의 홍보가 시너지 효과를 내며 최초의 장편 3D 컴퓨터그래픽 애니메이션인 '토이 스토리'가 공전의 히트를 쳤다. 스티브 잡스는 '토이 스토리'의 대박을 바탕으로 픽사의 주식을 공개하면서 막대한 부를 챙겼으나 에드 캣멀 등을 제외한 대부분의 직원들은 스톡옵션의 혜택을 받지 못했다.

스티브 잡스는 1,000만 달러에 산 픽사를 2006년에 디즈니에 74억 달러에 매각하는 한편, 애플컴퓨터 길 아멜리오를 상대로 "나는 애플컴퓨터로 돌아갈 마음이 없다"고 말하는 등의 노련한 협상력을 발휘한 끝에 현금 3억 7,750만 달러와 애플컴퓨터 주식 150만 주 증여와 더불어 고전하던 넥스트사까지 파는 놀라운 수완을 발휘하였다.

어쨌든 스티브 잡스는 결국 13년 만인 1997년 7월에 애플컴퓨터로 돌아왔다. 고액연봉의 제안도 거부하고 구원투수의 모습으로 보일 수 있는 단돈 1달러의 연봉과 임시 CEO라는 직함으로. 그 당시 애플컴퓨터는 "회사를 청산하고 주주들한테 나눠주는 편이 낫다"(델의 창업자 마이클 델), "애플은 이미 죽었다"(마이크로소프트 최고 기술책임자)라고 할 만큼 나쁜 상태였다. 그럼에도 불구하고 스티브 잡스는 1998년 8월에 칙칙한 회색의 컴퓨터가 주를 이루던 시장에 모니터와 본체를 일체화하고 속이 보이는 투명한 플라스틱 소재로 디자인한 새로운 컴퓨터 아이맥을 발매하였다. 아이맥은 첫 달에만 80만대가 팔리는 성공을 거두면서 1993년 이래 처음으로 흑자를 기록하며 애플 부활의 신호탄을 쏘아 올렸다.

애플 아이맥

애플은 2001년 10월 23일에 5GB 용량으로 1,000곡 정도를 담을 수 있는 소형 하드디스크를 장착한 휴대용 음악 재생기MP3플레이어인 아이팟iPod을 내놓았다. 아이팟은 특유의 산뜻한 디자인으로 시장 진입에는 성공했으나 가격이 비싸서 성과는 지지부진하였다.

그러나 스티브 잡스는 일본 소니, 독일 BMG, 유럽 유니버설, 영국 EMI, 미국 워너 등 5대 메이저 음반사와의 협력을 얻어 2003년에 사용자가 아이팟에서 한 곡당 99센트에 원하는 음악 파일을 쉽게 살 수 있는 아이튠즈 뮤직 스토어iTunes Music Store를 열었다. 이것은 기존에 냅스터 등 파일 교환 웹사이트와 CD 판매 음반 유통업자간의 디지털 음악 저작권 관련 법정 공방 이슈를 음반업계와 음악팬 모두를 만족시키는 역발상으로 합법화하여 구현한 새로운 비즈니스 장르였다. 또한 20만 원짜리 MP3플레이어 제품이 200만 원짜리 컴퓨터를 팔던 기업을 부활시킨 'Wag The Dog'('꼬리가 개의 몸통을 흔든다'는 의미, 앞뒤가 바뀌었다는 말) 그 자체였다.

당시 미국 레코드 협회 회장인 힐러리 로젠이 "IT업계 사람들에게 음악은 소프트웨어일 뿐이었지만, 스티브 잡스는 열광적인 음악팬이다. 그것은 음악 산업에 큰 의미가 있다"고 말한 정도로 협상의 방어벽을 낮추었으며, 비틀즈의 제소에 대하여 비틀즈의 나라인 영국 법원 판사도 "애플 아이튠즈는 음악을 들려주는 것이 아니고 데이터를 전송하는 것이다"는 스티브 잡스의 말을 되뇌게 만들었다. 스티브 잡스의 놀라운 협상력을 보여준 대목이다.

하여튼 깔끔하고 세련된 디자인, 휠형태의 터치버튼 등 손쉬운 조작방법과 더불어 혁신적인 역발상까지 더해진 애플의 아이팟-아이튠즈는 시작한지 7년도 되지 않은 시점인 2010년 2월 24일에 100억 곡 다운로드라는 기록을 세울만큼 시장의 반응이 뜨거웠다. 이제 애플은 하드-소프트 융합시대의 주연 자리를 차지하게 되었다.

자료원 : http://ko.wikipedia.org/wiki/아이팟

애플 MP3플레이어, 아이팟

(왼쪽부터 2001년 발매된 1세대, 2004년 4세대, 2007년 6세대)

스티브 잡스는 2007년 1월 9일에 맥월드 샌프란시스코에서 회사이름을 기존의 애플 컴퓨터에서 Computer를 뺀 애플로 개명한다고 선언했다. 그리고 동시에 아이팟의 진화 형태인 아이폰이란 이름의 스마트폰을 선보였다. 애플의 아이폰 출시는 휴대폰 시장에서 하드웨어에서 소프트웨어와 콘텐츠 중심으로 게임의 법칙을 바꾸는 전환점이 되었다.

자료원 : http://ko.wikipedia.org/wiki/아이폰

애플의 스마트폰, 아이폰

기존의 PDA 사업에서는 운영체제os 업체가 협력사에 SDK Software Development Kit를 공개하여 어플리케이션을 만들고, 소비자들은 이것을 PDA에 깔아서 사용하였다. 애플은 컨텐츠 공급자와 소비자가 한 자리에 모이는 마켓 플레이스인 앱스토어를 만들어서 이러한 과정을 좀 더 간단하게 만들었다. 애플은 앱스토어를 통하여 모바일 컨텐츠 시장에서도 돌풍을 일으키고 있다.

업계에 따르면 애플은 앱스토어를 통해 적게는 2,000만 달러에서 많게는 1억 6천만 달러의 수익을 올렸을 것으로 추정되고 있다.

애플의 성공은 단순한 전자제품에 불과했던 아이팟이나 아이폰에 아이튠즈나 앱스토어라는 온라인 장터를 통하여 다양한 콘텐츠를 사용자가 쉽게 사용할 수 있도록 함으로써 새로운 가치를 창출한데 있다. 즉, 애플은 컨텐츠와 하드웨어를 연계한 비즈니스 모델을 통하여 첫째, 하드웨어에 국한되어왔던 차별화 폭을 확대할 수 있었고 둘째, 컨텐츠를 통해 얻는 부가 수익이 하드웨어의 가격 경쟁력으로 이어질 수 있었으며 셋째, 컨텐츠 서비스를 통해 제조업체가 좀처럼 갖기 힘든 고객과의 관계 형성에 의한 핵심고객을 바탕으로 한 시너지 효과를 얻을 수 있었다.

애플, 드디어 정상에 서다

2001년에 애플은 레인콤(2009년 4월에 아이리버로 상호 변경) 등 우리나라 기업들이 주름잡던 MP3플레이어시장에 뛰어들었다. 당시 애플은 후발주자였으나, 99센트에 합법적으로 디지털 음악 한 곡을 파는 아이튠즈 장터를 쉽게 이용하는 MP3플레이어인 아이팟으로 2005년에 결국 세계 시장을 장악하였다. 이후 애플은 단순한 휴대폰을 넘어선 일명 손안에 PC 아이폰을 응용 프로그램 장터인 앱스토어와 연계하였다. 이것은 이동통신회사와 휴대폰 메이커에 종속됐던 개발자와 휴대폰 사용자에게 자유를 주어 새로운 모바일 생태계를 구축함으로써 스마트폰 혁명을 촉발하였다. 또한 태블릿

PC 아이패드도 새로운 혁명을 준비하고 있다. 다음과 같은 애플의 주가 추이 곡선은 그 동안의 애플의 성공과정을 잘 드러내고 있다.

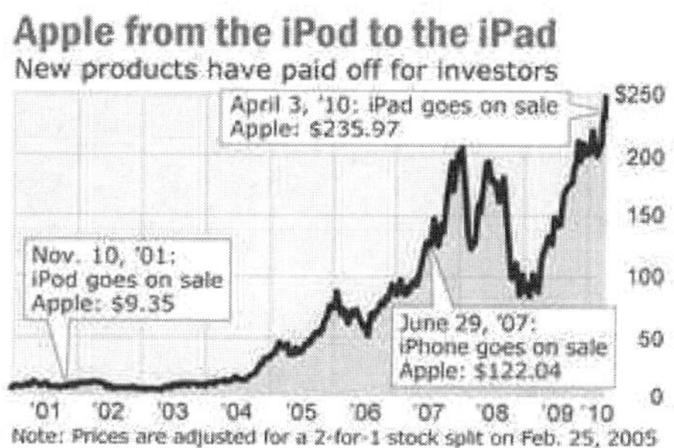

자료원 : http://www.edaily.co.kr/news/NewsRead.edy?newsid=01128326592934808

애플 주가추이

이 곡선을 자세히 살펴보면, 2001년 애플이 아이팟을 공개한 시점의 주가는 9.35달러였으나, 출시 후 6개월 동안 25%가 올랐다. 더군다나 2007년 아이폰을 공개한 당일 주가는 122.04달러였으나, 이후 6개월 동안 74%나 폭등했다.

이러한 가파른 증가세는 다음 그림에서 보는 바와 같이 결국 2010년 5월 26일 뉴욕증시 종가 기준 애플의 시가총액이 2,221억달러 278조원를 기록하여, 컴퓨터 운영체제 윈도로 30년 이상 세계를 주름잡아온 마이크로소프트의 2,192억 달러를 앞질렀다.

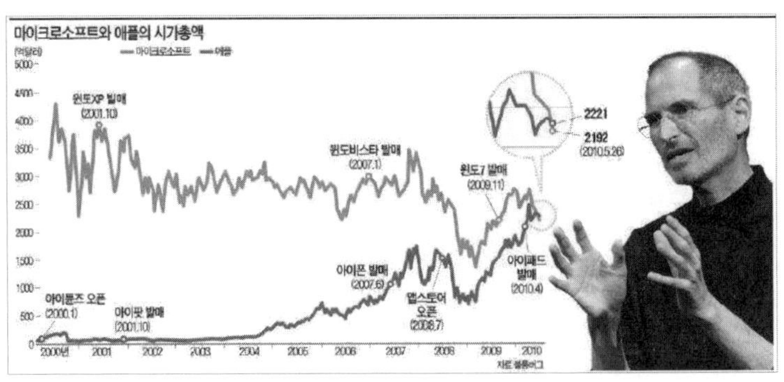

자료원 : http://www.hankyung.com/news/app/newsview.php?aid=2010052722141

애플과 마이크로소프트의 시가총액

애플 비즈니스의 성공 비밀

스티브 잡스의 소비자 중심 사고

스티브 잡스는 2005년 미국 스탠퍼드 대학교 졸업식에서 다음과 같이 말하면서 축사를 끝맺었다.

"Stay Hungry. Stay Foolish."

애플에 복귀한 스티브 잡스는 스탠퍼드 대학교에서 자신이 한 축사의 마지막 구절처럼 항상 우직하게 초심을 잃지 않으면서 시장의 흐름을 편견 없는 눈으로 읽으려고 노력했다. 그리고 눈에 보이는 소비자의 니즈가 파악되면 그것을 하나씩 하나씩 창의적으로 충족시켜나갔다.

그 결과는 실로 놀라웠다. 애플이 아이팟 제품을 출시하기 전에도 이미 수많은 MP3 플레이어 제품들이 있었고, 아이폰 이전에도 스마트폰 제품들은 많이 있었다. 최근에 선보인 아이패드라는 제품은 과거에 유수의 기업들이 이미 실패의 쓴맛을 봤던 태블릿 PC였다. 개인용 컴퓨터 제조업체였던 애플은 그럼에도 불구하고 아이팟 제품에 뮤직스토어라는 소프트웨어를 연동하여 음악 콘텐츠 서비스를 제공, 부가가치를 창출하여 음악시장의 강자가 되었고, 또다시 아이폰 제품에 앱스토어라는 소프트웨어를 이용하여 다양한 앱 서비스를 제공하여 부가가치를 창출함으로써 스마트폰 및 휴대기기 시장을 선도하였다. 최근 애플은 또다시 아이패드라는 제품을 출시하면서 아이북스토어를 연동하여 또 다른 시장을 품을 꿈을 꾸고 있다. 이처럼 애플은 단순한 히트제품이 아닌 새로운 대박 산업을 창조했다.

다우 존스의 투자 전문가인 사미르 바티아는 최근 10년간의 이와 같은 애플의 행보에 대하여 다음과 같이 평가했다.

소비자들이 아이팟 이전에는 음악 파일을 손쉽게 다운로드 할 수도 저장할 수도 없었으며, 아이폰 이전에는 모바일 기기에서 손쉽게 인터넷을 사용할 수도 없었다. 애플은 디지털 음악 파일이나 모바일 브라우저를 처음 만들어낸 기업은 아니지만, 이러한 불편들을 목격하고 이러한 사용자 경험을 이끌어 낸 첫 기업이라고 할 수 있다.

스티브 잡스가 자주 인용하는 "하키퍽이 있던 곳이 아니라 가야할 곳으로 스케이팅 한다"는 전설적인 아이스하키 선수 웨인 그레츠키의 말처럼 스티브 잡스는 일관성 있게 소비자의 마음을 읽어서 충족되지 않은 소비자의 니즈를 직관적이고 사용이 편한 서비스로 만족시킨 제품을 만드는데 집중했다. 이에 소비자들은 그런 스티브 잡스의 집착적인 소비자 중심 사고와 실천의 결과를 사랑하게 되어 경쟁사들의 유혹에도 발을 빼지 않고 완벽에 가까운 신뢰를 보냈다. 이것이 바로 애플의 첫 번째 성공 비밀이다.

하드웨어, 소프트웨어를 만나 행복한 생태계를 만들었다

프랑스 파리에 있는 애플매장의 외부 모습은 그곳에서 유명한 루브르 박물관의 유리 피라미드를 닮았다. 그리고 애플 로고가 붙은 10미터 정도 높이의 유리 입방체인 미국 맨하탄 5번가에 있는 애플매장 큐브Cube의 외관은 주변의 빌딩들과 잘 어울리는 모습을 하고 있다. 큐브는 독특한 건축으로도 가장 비싼 가격으로도 유명하다.

자료원 : http://1manshow.net/195

파리 애플 매장과 맨하탄 애플 매장

그 지역의 특징을 잘 표현하고 있는 매장 외부의 모습과는 달리 애
플 매장 내부의 인테리어는 동일한 컨셉을 하고 있다.

아이팟, 아이폰, 아이패드 등 애플제품들도 내부와 외부 컨셉이 다
른 애플매장의 예와 같이 애플제품 내부는 표준화되어 있는 반면
그 애플제품 외부는 각 개인의 취향에 따라 개인화 가능하게 디자
인되어 있다. 애플은 자사의 역량 범위에서 하드웨어의 표준화와
소프트웨어의 개인화를 교묘하게 조합한 전략을 다음과 같이 실천
하고 있다.

'Designed by Apple in California, Manufactured in China'

아이팟이나 아이폰 그리고 최근에 출시된 아이패드 등을 뒤집어보
면 쉽게 발견할 수 있는 재미있는 이 문구는 '캘리포니아에 있는 애
플이 설계했고 중국에서 조립한 제품'이라는 뜻인데, 바로 여기에
애플의 성공 비결이 숨어 있다. 왜냐하면 이 문구가 바로 애플이
자국 내 제조 생태계 및 소프트웨어 산업을 냉철하게 이해한 후 마
련한 핵심전략이기 때문이다.

미국은 제품 생산 산업에 비해 소프트웨어 산업이 잘 발달되어 있
다. 애플은 그러한 자국내 산업의 이해를 바탕으로 개인용 컴퓨터
제조업체였음에도 불구하고 제조업이 아닌 소프트웨어 산업을 선
택하였고 그 응용에 집중하는 대신에 제품 생산은 제조시설을 가지

지 않고 대만의 폭스콘 등 제조전문업체와의 공급망관리Supply Chain Management를 통하여 저원가 대량맞춤생산을 하였다. 디자인을 다양화하면서 한 카테고리의 제품을 다양화하면 부품 조달, 물류, 생산관리 등에 더 많은 자원을 투입해야 하기 때문에, 저원가 대량맞춤생산은 아주 단조로운 제품라인업의 운영을 통해서만 가능하다. 이를 위하여 애플은 전통적으로 멋지고, 우아하고, 예쁘면서도 단순한 디자인의 제품이라는 컨셉을 강조하고 있는 것이다. 대신에 애플은 몰개성적인 하드웨어 제품을 철저하게 개인화시킬 수 있는 소프트웨어를 만들고 이를 전략적으로 활용하도록 하는데 집중했다.

그 결과 애플의 아이팟은 미디어 파일을 재생하는 단순한 전자제품하드웨어에 불과했지만, 소비자들은 애플이 제공하는 재기발랄하고 사용하기 쉬운 아이튠즈뮤직스토어소프트웨어를 통하여 합법적으로 음악 등의 미디어 파일들을 이용할 수 있게 되었다. 이를 사용해 본 소비자들은 열광했고 애플은 부활했다. 이와 같은 패턴은 아이폰 제품에도 그대로 적용되었다. 애플은 앱스토어라는 응용 프로그램애플리케이션 개방 시장을 구축하여 아이폰에 연결하였고, 애플리케이션에서 발생하는 수익의 70%를 개발자들에게 배분하는 확실한 당근 정책으로 단순하고 독립적인 애플리케이션들의 물리적인 집합체에 불과하던 앱스토어를 중소기업들의 인큐베이터로 변신시켰다.

그러나 애플의 매출액 비중을 분석해 보면, 아이팟, 아이폰 등 하드웨어 단말기 판매 수익의 비중이 앱스토어의 그것보다 압도적이다. 그럼에도 불구하고 전문가들은 하드웨어 단말기의 가치를 높여 준 앱스토어와 앱스토어를 둘러싼 새로운 앱 생태계를 애플 돌풍의 주역으로 꼽고 있다. 이것이 바로 마이크로소프트, 노키아, 리서치인모션RIM, 구글 등 많은 쟁쟁한 경쟁사들이 애플의 아성을 넘지 못하고 있는 현재의 이유인 것이다.

그러므로 다양한 콘텐츠를 제공하는 소프트웨어가 연동되는 하드웨어. 그러한 생태계를 창조하는 혁신적인 비즈니스 모델은 애플의 두 번째 성공 비밀이라 할 수 있다.

애플 문화

아래에 있는 애플사 주차장 이야기는 《 와이어드 》 2008년 4월호에 실린 글의 일부이다.

"애플사 주차장은 평등주의 원칙을 따른다. 최고 경영자나 임원들을 위해 별도로 마련된 주차장은 없다. 누구나 아침 10시 이후에 도착하면 빈자리를 찾을 때까지 주차장을 계속 도는 무한루프Infinite Loop를 경험해야만 한다. 그런데 애플사 주차장에서 오래 돌지 않는 차가 한 대 있다. 바로 스티브 잡스의 벤츠다. 급한 업무가 있는데 주차장을 찾기 어려우면, 스티브 잡스는 출입문 근처에 있는 장애인 주차장을 슬쩍 이용한다고 한다. 이럴 때면 장난기가 발동한 누군가가 스티브 잡스의 벤츠 유리창에 복귀한 스티브 잡스의 새로운 캠페인 'Think different'(다르게 생각하기 즉, 발상의 전환; 스티브 잡스는 differently로 쓰는 것이 문법에 맞지만 어감상 강한 인상을 주기 위하여 different로 씀)를 패러디한 'Park different'(다르게 주차하기)라고 쓴 종이를 끼워 놓는 것이다. 어떤 직원은 주차장 바닥의 장애인 표시를 벤츠 마크로 바꿔 놓기도 했다."

권위주의적인 조직 환경에서는 혁신과 창의력이 발휘되기가 어렵다. 왜냐하면 그 특유의 엄숙함이 창의와 혁신의 또 다른 원동력인 재미를 잡아먹기 때문이다. 애플의 조직문화는 대부분의 우리나라 기업들보다 더 열려있고 재미있다고 할 수 있다. 대책 없는 고집불통 스티브 잡스도 이 문화에 적응해야만 살아남을 수 있다.

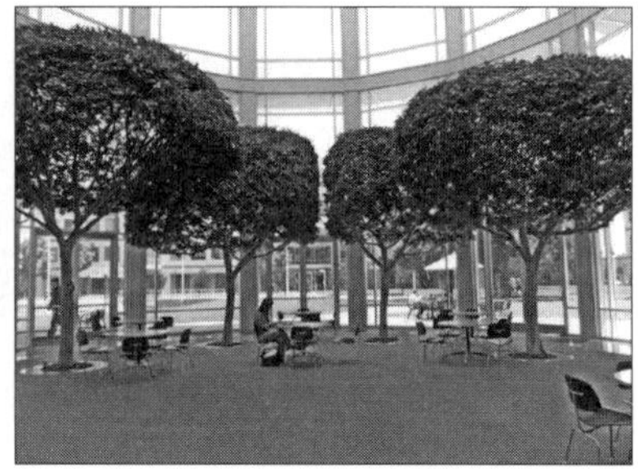

자료원 : http://nam3583.egloos.com/3318086

애플 본사 모습

(왼쪽: 정문 이정표, 오른쪽: 현관 안쪽)

밖에 있는 숲을 현관 안쪽으로 옮겨놓은 듯한 모습의 애플 본사 현관 안쪽 전경도 눈이 시원하고 마음의 문이 활짝 열려서 절로 좋은 아이디어가 나올 것만 같다.

애플이 만드는 제품들은 모두 재미있다는 공통점을 가질 수 있는 것은 바로 대학 캠퍼스 같은 환경에서 회장 전용 주차장 하나 없는 더 나아가 조직 구성원이 그의 불법 주차를 응징할 수 있는 애플의 조직 문화 덕분이다. 그런 애플의 조직 문화는 물과 기름처럼 물리적으로 이질적인 하드웨어 단말기 개발 담당 부서와 소프트웨어 개발 담당 부서가 하나의 사용자 경험이라는 목표 아래 마치 하나의 팀과 같이 움직일 수 있게 하는 원동력이 되었을 것이다. 이것이 바로 애플 성공의 세 번째 비밀이다.

애플의 이슈

애플의 폐쇄성, 다시 족쇄가 될 것인가?

시오노 나나미는 《로마인이야기》에서 지성에서는 그리스인, 체력에서는 켈트족과 게르만족, 기술력에서는 에트루리아인, 경제력에서는 카르타고인보다 못한 로마인이 제국을 건설할 수 있었던 비밀은 인적 경제적 개방성과 법과 제도에 의해서 움직이는 시스템 때문이라고 하였다. 그렇다면 우리는 로마인의 성공 비밀을 바탕으로 애플의 미래를 점칠 수 있을까?

개인용 컴퓨터 시장 초기에 애플은 자사 소프트웨어와 하드웨어를 고집하는 폐쇄정책으로 잘나가는 듯했다. 그러나 이후 개방정책을 폈던 IBM과 마이크로소프트 진영에 개인용 컴퓨터의 주인공 자리를 넘겨주고 말았다.

그 이후 근근이 명백만 유지하던 애플이 최근 10년 동안 또다시 부활하여 돌풍을 일으키고 있다. 이번에도 역시 애플은 과거 개인용 컴퓨터 때처럼 모바일 기기와 플랫폼을 모두 독점적으로 제공하는 (앱스토어로 조금은 보완된) 폐쇄성을 바탕으로 비교적 높은 지불 의향을 가진 수요자층을 공략하여 매니아를 중심으로 한 니치시장을 확보함으로써 성공신화를 써 내려가고 있다.

그런데 이번에도 어김없이 과거 개인용 컴퓨터 시장에서 폐쇄정책으로 성공하는 듯 했던 애플에 IBM과 마이크로소프트가 개방정책으로 대립각을 세우며 도전장을 냈던 상황과 유사한 모습이 나타나고 있다. 이번에도 애플은 방어자다. 도전자는 IBM과 마이크로소프트에서 구글로 바뀌었지만, 도전 카드는 아이러니하게도 똑같다. 현재 구글은 개방성의 상징인 안드로이드라는 스마트폰용 운영체제를 중심으로 전세계의 하드웨어 업체와 소프트웨어 개발자들을 모으고 있다. 그 결과, (온라인 광고네트워크업체인 애드몹의 조사결과를 보면) 스마트폰 OS시장에서 선두인 아이폰의 점유율이 2009년 말 50% 안팎에서 2010년 5월 40%로 낮아진 반면, 구글 안드로이드는 20%대에서 26%로 높아졌다. 이러한 구글 안드로이드의 점유율 잠식 양상은 계속될 것이란 관측이 지배적이다.

더군다나 애플과 구글은 인터넷 TV 분야에서도 경쟁자이다. 애플은 2007년에 무선 셋톱박스 개념의 애플TV를 출시하여 당시 눈길을 끌었다. 그러나 현재까지 매출은 지지부진한 상태이며, 너무 폐쇄적이어서 확장성이 떨어진다는 지적도 부담이다. 그러나 애플은 여전히 TV를 매킨토시와 아이폰의 후속 비즈니스 아이템으로 여기고 텔레비전 소프트웨어를 새롭게 업데이트하는 등의 작업을 진행 중이다. 그럼에도 불구하고 최근 소니, 인텔 등과 손잡은 구글 TV가 오히려 애플 TV를 앞선다는 평가다.

지금까지 애플 성장의 경쟁력이었던 폐쇄성. 커진 시장점유율과 많아진 경쟁자 상황 속에서도 애플의 경쟁력으로 남아있을지 아니면 과거처럼 또다시 애플의 족쇄가 될지 궁금하다. 아니 진정 궁금한 것은 '이와 같은 거센 도전에 애플이 어떤 행보를 선택할 것인가?'이다.

스티브 잡스 없는 애플의 미래는?

국민일보 김도훈 기자는 2010년 7월 2일자 '나쁜 남자 애플-편한 친구 구글… CEO따라 달라지는 기업 색깔'기사에서 애플의 최고경영자 스티브 잡스를 다음과 같이 표현했다.

스티브 잡스는 매력 넘치는 괴팍한 천재다. 직관력으로 시장 흐름을 정확히 꿰뚫으며 직접 전면에 나서 소통하는 것을 즐긴다. 특히 카리스마 넘치는 화려한 프레젠테이션으로 전 세계 이목을 집중시키는 능력이 탁월하다.

여기서 '나쁜 남자'라는 표현이 재미있다. 나쁜 남자 스티브 잡스에 대해 좀 더 살펴보자.

스티브 잡스는 복도나 엘리베이터에서 우연히 만난 직원들에게 뜬금없는 질문을 한 후 돌아온 대답이 자신의 맘에 들지 않으면 대놓고 욕을 하기도 하고 프로젝트를 중지하라고 소리치기도 하고 심지어는 해고를 해 버리기도 했다.

스티브 잡스는 "일류만 모아서 기업을 만들면 모두 일류만 고용하려 한다. 그러나 거기에 이류를 한 명 넣어두면 그 사람은 자기 같은 이류를 고용하려 하기 때문에 순식간에 기업은 이류와 삼류들이 넘쳐나게 된다"고 말했다. 그래서인지는 몰라도 스티브 잡스는 재능이 뛰어난 사람이나 크게 공헌한 사람의 말에는 귀를 기울이기도 한다. 그러나 거기까지다. 스티브 잡스가 그 말로 인하여 자신의 생각을 바꾸는 경우는 거의 없다. 픽사의 창업 멤버이자 컴퓨터 제작 경험이 풍부했던 알비 박사와 스티브 잡스의 다음과 같은 일화는 나쁜 남자의 결정판일 만큼 드라마틱했다.

어느 날 회의실에서 스티브 잡스가 화이트보드에 메모하며 이야기를 할 때 알비 박사가 끼어들었다. 그리고 알비 박사는 자신의 의견을 말하면서 스티브 잡스가 사용하던 화이트보드를 사용하려 했다. 그러자 스티브 잡스는 소리를 지르며 회의실을 나가 버렸다. 그리고 알비 박사는 사표를 냈고, 스티브 잡스는 알비라는 이름을 픽사의 모든 기록에서 지워버렸다.

소시민적 사고에서 볼 때 스티브 잡스는 정말로 남자다. 그렇지만 스티브 잡스의 독특한 카리스마는 아이러니하게도 과거 매킨토시에서 최근 아이폰, 아이패드까지 이어지는 애플 제품의 여성적인 디자인과 앱스토어로 대표되는 창조적인 생태계 등과 어우러져 전 세계에 애플을 사랑하는 매니아층을 형성해 나가고 있다.

스티브 잡스는 이처럼 성공의 한 축을 담당하고 있는 애플의 경쟁 력이다. 그렇다면 '만약 어느날 갑자기 스티브 잡스가 애플에서 사 라진다면, 애플의 미래는?'이란 질문도 가능하지 않을까? 실제로 스티브 잡스는 2004년에 췌장암 때문에 수술을 하였고 이후 6개월 동안 자리를 비웠었다. 다행히 수술은 성공적이어서 이후 스티브 잡스는 왕성한 활동을 이어가고 있지만 말이다.

1. 스티브 잡스는 애플 컴퓨터 설립 전에 ＿＿＿＿＿＿＿와는 고교 선후배 사이였고, ＿＿＿＿＿＿＿와는 아타리사에서 몇 년 동안 함께 일했었다.

2. 애플 컴퓨터는 45% 지분의 ＿＿＿＿＿＿＿＿, 45% 지분의 ＿＿＿＿＿＿＿그리고 10% 지분의 ＿＿＿＿＿＿＿에 의해 1976년 4월 1일 설립되었다.

3. ＿＿＿＿＿＿＿는 GUI와 마우스를 사용해서 상업적으로 성공한 최초의 개인용 컴퓨터였다.

4. 스티브 잡스는 1983년에 "남은 인생을 설탕물이나 만들며 살 생각인가요? 그러지 말고 나와 함께 세상을 바꿀 일을 합시다! "라는 멋진 유혹으로 ＿＿＿＿＿＿＿를 애플 컴퓨터로 영입하였지만, ＿＿＿＿＿＿＿는 1985년에 구성원의 의견을 무시하고 자신의 뜻만 주장한다는 등의 이유로 스티브 잡스를 애플 컴퓨터에서 해고하였다.

5. 해당 당한 스티브 잡스는 1985년에 _______________를 설립하였고, 1986년에 _______________를 탄생시켰다.

6. 스티브 잡스는 _______________달러의 연봉과 _______________라는 직함으로 13년 만인 1997년 7월에 애플컴퓨터로 돌아왔다.

7. 스티브 잡스는 5대 메이저 음반사와의 협력을 얻어 2003년에 사용자가 _______________에서 한 곡당 99센트에 원하는 음악 파일을 쉽게 살 수 있는 _______________를 열었다. 이것은 기존에 냅스터 등 파일 교환 웹사이트와 CD 판매 음반 유통업자간의 디지털 음악 저작권 관련 법정 공방 이슈를 음반업계와 음악팬 모두를 만족시키는 역발상으로 합법화하여 구현한 새로운 비즈니스 장르였다.

8. 스티브 잡스는 2007년 1월 9일에 맥월드 샌프란시스코에서 회사 이름을 기존의 애플 컴퓨터에서 _______________로 개명한다고 선언하였고, 휴대폰 시장에서 하드웨어에서 소프트웨어와 콘텐츠 중심으로 게임의 법칙을 바꾼 스마트폰 _______________을 선보였다.

9. _______________년 5월 26일 뉴욕증시 종가 기준 애플의 시가총액이 2221억 달러278조원를 기록하여, 컴퓨터 운영체제 윈도로 30년

이상 세계를 주름잡아온 마이크로소프트의 2192억 달러를 앞질렀
다.

10. 스티브 잡스가 자주 인용하는 "＿＿＿＿＿＿＿＿＿"는 전설적인
    아이스하키 선수 웨인 그레츠키의 말처럼 스티브 잡스는 일관성
    있게 소비자의 마음을 읽어서 충족되지 않은 소비자의 니즈를
    직관적이고 사용이 편한 서비스로 만족시킨 제품을 만드는데 집
    중했다.

11. 아이팟, 아이폰, 아이패드 등 애플제품들도 내부와 외부 컨셉이
    다른 애플매장의 예와 같이 애플제품 내부는 ＿＿＿＿＿＿＿＿되
    어 있는 반면 그 애플제품 외부는 각 개인의 취향에 따라
    ＿＿＿＿＿＿＿＿가능하게 디자인되어 있다.

12. ＿＿＿＿＿＿＿＿ 박사는 어느 날 회의실에서 스티브 잡스가 사용
    하던 화이트보드를 사용하려 하다가 사표를 내야만 했다.

One Page Proposal 팀 프로젝트

애플 사례를 처음부터 끝까지 정독해서 꼼꼼히 읽어보도록 하자.
그리고 현재 당신이 속한 팀이 애플의 기획팀이라고 생각하고 애플
의 최고경영자CEO 스티브 잡스에게 제출할 강력하고 간결한 한 장
의 기획서를 작성해 보자. 1 Page Proposal 양식의 예는 다음과
같다.

애플		
작성자 : 스티브 Jr.　　　팀원 : 게이츠, 슈미트, 이주용		
문제점/ 기회 분석	현재 사례 기업이 당면한 문제점이나 기회 요인을 분석하여 서술한다.	
대안 도출	**대안1 :** 대안1의　　제목을　　기술하는 영역	**대안2 :** 대안2의 제목을 기술하는 영역
	내용 대안1의　　내용을　　기술하는 영역	**내용** 대안2의 내용을 기술하는 영역
	장점 대안1의 장점 기술하는 영역	**장점** 대안2의 장점 기술하는 영역
	단점 대안1의 단점 기술하는 영역	**단점** 대안2의 단점 기술하는 영역
최종안 선택	제시한 대안 중에서 한 가지를 선택한 후, 선정 근거를 기술한다.	

* 대안 도출은 2개 이상 4개 이하로 하는 것이 효과적이다.

토의 문제

1. 애플의 창업자 스티브 잡스와 스티브 워즈니악을 중심으로 한 인물 관계도를 작성해 보자.

2. 점과 점을 잘 연결해 보면 예기치 못한 순간에 섬광 같은 통찰력 flash of insight이 생기곤 한다. 그 중 일부는 좋은 아이디어로 변환되어 세상을 바꿀 때도 있다. 이러한 관점에서 애플을 바라본다면, 여러분은 스티브 잡스가 맥킨토시를 만드는 아이디어를 구성하는 점들은 무엇이라고 생각하는가?

3. 과거의 애플 컴퓨터는 어느 산업에 속했으며, 현재의 애플은 어느 산업으로 분류되고 있는지 이야기해 보자.

4. 애플의 모바일 기기가 성공한 요인을 비즈니스 모델 관점에서 이야기해 보자.

5. 애플의 공급망관리에 대하여 이야기해 보자.

6. 경영자로서의 스티브 잡스에 대하여 이야기해 보자.

7. 애플의 미래에 대하여 이야기해 보자.

# 공급망관리의 이해

축구에서 사람들의 관심이 차범근, 마라도나 등 슈퍼스타에서 FC 서울, 맨체스터 유나이티드 등 명문구단으로 옮겨가고 있듯이, 비즈니스 세계에서도 금성사, IBM 같은 개별 기업의 우수성에서 삼성전자 SCM, 애플 SCM 등 팀의 우수성으로 옮겨가고 있다. 이것이 바로 여러분이 공급망관리를 공부해야 하는 이유이다.

자기진단표

나의 공급망관리 전문가 지수는 몇 점?

공급망관리는 처음 들어본다고요?
걱정하지 마세요. 책장을 넘기면 재미나는 공급망관리의 이야기가 흘러나오니까요. 공급망관리 이야기를 읽다 보면 복잡한 비즈니스 세상 속에 흐르는 핵심 개념이 머리에 쏙쏙 들어와 쉽게 이해할 수 있어요.

먼저, 당신의 공급망관리 전문가 지수부터 알아볼까요?

질문 1. 채찍효과의 두 가지 현상은 구체적으로 무엇인가?

질문 2. 채찍효과 관리 방법은 무엇인가?

질문 3. 공급망에는 3B가 흐른다고 하는데, 여기서 3B는 무엇을 의미하는가?

질문 4. 공급망관리에서 Push형 구조와 Pull형 구조 중 어느 것이 더 효과적일까?

질문 5. 제조업체의 판촉행사 때문에 도소매업체에서 미리 제품을 매입하는 것을 의미하는 용어는 무엇인가?

답

1. 수요 왜곡, 변화 확산
2. 유통업체 판매정보 공유, 재고보충기간 단축
3. 제품을 의미하는 Box, 대금을 의미하는 달러Bucks 그리고 정보를 의미하는 바이트Byte
4. Pull형
5. Forward Buying

마케팅 관점으로 본 공급망관리

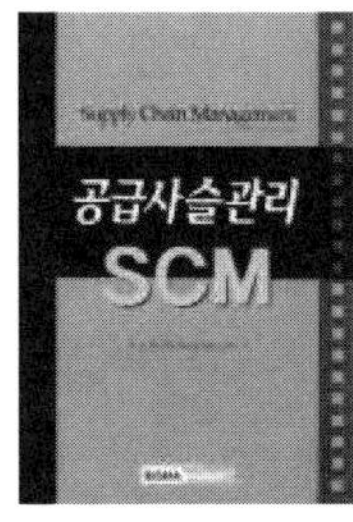

도서명 : 공급사슬관리 SCM
지은이 : 한동철
출판사 : 시그마인사이트

《 공급사슬관리 SCM 》에서 한동철 교수는 소비자 욕구를 만족시키는 것이 공급사슬관리의 기본이라고 주장한다. 한교수는 이런 맥락을 배경으로 '장님이 코끼리 다리 만지듯'한 출판 당시2002년 2월 국내 공급사슬관리 수준을 높이고자 한다. 그래서 한교수는 여러 가지 단편적인 개념들을 통합하여 핵심적인 내용만을 체계적이면서도 쉽게 써 내려간다. 특히 제조업체와 유통업체를 중심으로 공급사슬관리의 개념 정립에서 실제 구축 및 운영까지 자세히 다루고 있다.

한교수는 본서보다 2배 이상 높은 수준의 개정판을 다시 썼으면 하는 바램을 머리말에서 피력하였다. 아직 한교수의 개정판은 나오지 않고 있지만, 부자학 전도사로 더 유명한 한교수의 리드미컬한 필체는 매력적이다.

도요타 리콜 사태는 도요타 공급망의 문제다!

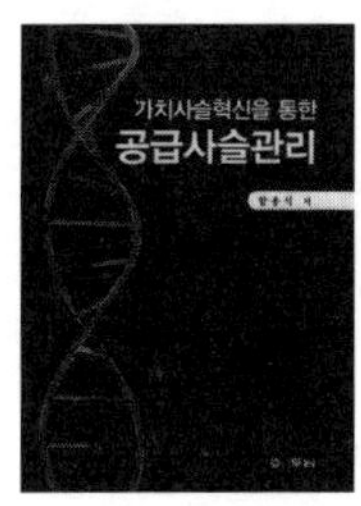

도서명 : 가치사슬혁신을 통한 공급사슬관리
지은이 : 함용석
출판사 : 두남

"도요타의 리콜 사태는 도요타 공급망의 문제로 인식하여야 한다"

《가치사슬혁신을 통한 공급사슬관리》에서 함용석 교수가 던진 화두다. 함교수는 공급망관리의 개념과 가치의 이해가 기능과 실습에 우선한다고 본다. 그래서 함교수는 공급망관리의 복잡한 개념과 내용을 가치사슬 관점에서 단순화하여 쉽게 설명한다.

특히 미국 APICS 공인 생산/물류관리사CPIM 자격증 및 독일 SAP사의 ERP 관련 영업, 자재, 생산관리모듈 공인 자격증을 보유하고 있는 함교수가 전하는 정보시스템 관련된 실무적인 통찰력은 이 책의 백미다.

공급망관리 전문가 이과장의 하루

자타가 인정하는 공급망관리 전문가 이과장의 하루생활 모습을 엿보기로 하자.

나의 상관인 김재경 부장이 인상을 빡빡 쓰고 찬바람을 일으키며 사무실로 들어왔다. 김부장은 그 작은 눈으로 나를 째려보면서 왜 그렇게 제품배송비용이 많이 드는지를 물었다. 오늘 김부장의 분위기로 봐서는 연료비 인상, 운전기사 구인난 등의 이야기로는 씨도 안 먹힐 것 같았다. 왜냐하면 그런 것들은 나의 관심사이지 김부장의 관심사는 아니기 때문이다. 올해 예산 계획에는 분명 작년보다 10% 인상된 운송비가 책정되어 있지만, 김부장은 5% 아래로 줄여줄 것을 강력하게 요구하고 있다.

김부장 일로 아픈 머리를 식히기 위해 건물 옥상으로 향하던 나는 복도에서 윤영진 영업이사를 만났다. 윤이사는 양처럼 순한 미소를 띠며 추가 제품 오백 개를 한 고객사에 주말까지 준비하여 배송할 수 있는지를 물었다. 그러나 그것은 질문이 아니라 지시였다. 윤이사는 이미 그 고객사와 배송약속을 하였기 때문이다. 그러나 그 일은 해외 공급자로부터의 필요한 부품 조달과 제품 급배송에 두 배 이상의 비용이 발생한다. 내가 윤이사에게 이런 상황을 인지하고 있는지, 그리고 추가 발생 비용은 누가 부담하는지를 물어보고 싶었지만 윤이사는 급히 자리를 떠버렸다. 이걸 처리하려면 제일 먼저 추가 생산 일정 계획을 세워야 한다.

내가 여기저기 수소문한 끝에 다행히 국내 부품 공급업체를 찾았을 때는 거의 정오가 다됐다. 잠시 "역시 난 참 똑똑해!"라고 자화자찬하고 있는데, 김부장이 RFID 지원 프로젝트를 지시하였다. 국방부가 모든 납품 제품의 파렛트와 케이스에 RFID 태그를 부착할 것을 요구하였기 때문이다. 나는 이 일과 관련하여 엄청난 초기 비용 발생 이슈와 더불어 몇 가지 질문거리를 떠올렸지만, 김부장에게 질문하지 않았다. 프로젝트 진척상황의 정기적 보고와 투자수익 환수 계획 수립이 김부장에게 관심 있는 모든 것이기 때문이다.

나의 상관인 김부장은 시니컬한 사람이지만 나에게 많은 업무부담을 주고 있다는 점은 인정하고 있다. 그래서인지 김부장이 나에게 점심 식사를 제안했다. 그러나 김부장은 내가 먹던 삼계탕의 국물이 채 비기도 전에 아웃소싱에 관한 이야기를 늘어놓았다. 요지는 경쟁사가 제3자 물류사와 계약을 했다는 것이다. 결국 김부장은 나에게 우리의 제3자 물류 서비스 활용에 대한 분석을 지시하였다.

그리고 김부장은 점심식사를 마치고 자리에서 일어나는 순간, 지난해 이미 65번이나 출장을 갔었던 나에게 부품공급사 명단 업데이트를 위한 중국 출장 계획을 덧붙였다.

나는 정보시스템의 오류를 찾는 일로 오후 시간 대부분을 보냈다. 우리 담당의 서준태 전무가 왜 공급망관리시스템이 기존의 ERP 시스템과 완전하게 연계되지 않는지, 왜 영업부에서 23인치 제품을 요구하는데도 생산부에서는 21인치 제품을 생산하는지에 대한 원인을 규명하지 못하면 아무도 퇴근할 생각을 하지 말라고 단호하게 지시하였기 때문이다.

우여곡절 끝에 오늘 일과를 마치고 막 컴퓨터의 전원을 끈 순간 황정승 인사부장이 나타났다. 황부장은 국제무역 전문가를 아직 영입하지 못했는데 영업될 때까지만 그 일을 부탁한다고 하였다.

파김치가 다돼서 집으로 돌아오니 뻐꾸기 시계가 밤 12시를 알리고 있었다. 나는 기다리다 잠들어버린 아내와 아이들에게 굿나잇 뽀뽀를 하고 나서 베개에 머리를 묻은 채 잠을 청했다.

공급망관리의 의미

공급망관리의 중요성

아래 내용은 조선일보의 최원석 기자와 김신영 기자가 공동으로 작성하여 2010년 2월 1일자로 게재한 '발 떼도 안 튀어나오는 가속페달… 무대응·축소하려다 화 더 키웠다' 기사이다. 이 기사를 통하여 왜 공급망관리가 중요한지를 엿보기로 하자.

미국 ABC 방송은 2009년 8월 2009년형 렉서스 ES350을 타고 가다 사고를 당한 일가족이 응급 신고전화 911에 남긴 급박한 목소리를 2010년 1월 27일 공개했다. 캘리포니아 고속도로 순찰대 소속 마크 세일러씨는 캘리포니아 샌디에이고 부근 고속도로에서 부인, 딸, 처남과 2009년형 렉서스를 시속 약 80㎞로 몰고 가던 중 속력이 약 190㎞로 치솟으면서 사고를 당했다.

ABC방송이 공개한 911 음성 파일에 따르면, 당시 뒷좌석에 타고 있던 세일러씨 처남은 "가속페달이 제멋대로다. 브레이크가 듣지 않는다. 우리는 곤경에 처해 있다"고 소리쳤다. 결국 4명의 가족은 모두 숨졌다.

사상 초유의 이번 도요타 리콜 사태는 바로 이 사건에서 시작됐다. 미국 현지에서는 도요타 가속페달 결함 관련 사고가 지금까지 2000여건, 사망자는 20명이라고 전하고 있다.

도요타 리콜의 심각성은 리콜 자체가 아니라, 리콜이 확대돼 나가는 과정에 있다는 게 업계 및 전문가들 분석이다. 도요타가 처음에는 결함 가능성에 대해 부인으로 일관하다가 조사당국이나 언론에 의해 구체적 결함이 알려진 뒤에야 떠밀려 조치를 취한 인상을 줬기 때문이다.

2009년 8월 렉서스 사망사고 이후, 미국 도로교통안전국NHTSA은 조사 과정에서 가속페달 문제로 인한 차량 폭주 가능성을 처음 제기했다. 도요타는 처음에 렉서스 사고는 차량결함과 관계 없다고 주장했지만, 이후 운전석 바닥에 깔린 매트가 움직이면서 가속페달을 눌러 사고가 발생할 수 있다는 조사가 나왔다. 2009년 9월 30일 도요타는 '매트에 문제가 있었다'며 380만대 렉서스·도요타 차량의 리콜을 발표했다. 그러나 이후 NHTSA와 미국 언론들은 '매트만의 문제가 아니라 가속페달 자체의 구조적 결함 때문일 수 있다'는 의혹을 제기했다. 도요타는 가속페달 결함 가능성을 일축했지만, 결국 2010년 1월 21일 230만대의 차량을 가속페달의 복원력 문제로 리콜했다.

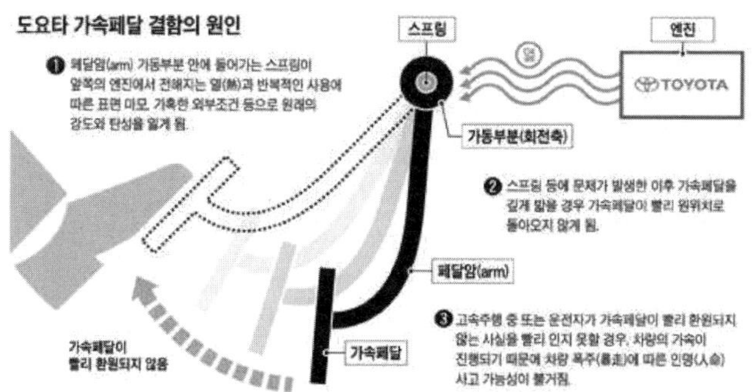

자료원 : http://biz.chosun.com/site/data/html_dir/2010/02/01/2010020140001.html

도요타 가속페달 결함의 원인

도요타가 밝힌 가속페달 결함은 가속페달 뒤쪽의 페달암Arm이 연결된 부위의 스프링 성능이 떨어졌기 때문이다. 운전자가 가속페달을 밟은 뒤 페달에서 발을 떼면 페달이 원위치로 빨리 돌아와야 하는데, 복원이 잘 안돼 차량이 폭주할 가능성이 있다는 것. 가속페달의 구조적 결함, 즉 스프링이 탄성·강도를 자동차 수명보다 오래 유지해야 하는데, 엔진의 열, 부품 마모, 가혹한 외부조건 등으로 인해 원위치 환원이 잘 안되는 문제가 발생했다는 것이다.

문제가 된 가속페달 부품을 공급한 북미 부품회사 CTS와 책임 분쟁도 시작됐다. 도요타는 CTS에 리콜비용에 상응하는 손해배상을 청구할 방침이다. 그러나 CTS는 2010년 1월 29일 "가속페달 부품이 가혹한 환경조건에서 매우 드물게 원위치 환원이 늦어진다는 것은 도요타의 급발진 문제와 관련이 없다"며 도요타의 책임 전가에 정면으로 반박했다. CTS는 자동차뿐 아니라 의료·항공·우주·방위

산업에 전자부품·센서를 공급하는 글로벌 전문업체다. CTS는 이날 성명에서 "도요타·렉서스의 급발진 문제는 CTS가 도요타에 납품하기 이전인 1999년으로 거슬러 올라가기 때문에 2005년부터 납품한 CTS의 문제일 수 없다"면서 "또 CTS는 렉서스를 제외한 도요타 차량에만 납품하기 때문에 렉서스 급발진 사망사고와도 무관하다"고 주장했다.

제약이론Theory Of Constraints: TOC은 엘리 골드렛Eliyahu M. Goldratt 박사가 개발한 경영과학의 이론이다. 제약이론은 '기업의 목표Goal가 무엇인가?'라는 질문을 바탕으로 목표 달성을 제약하는 자원들을 파악한 후, 가장 취약한 부분을 집중적으로 개선한다. 이것은 가장 취약한 곳에서 전체의 효율성이 결정된다는 제약이론의 사상 때문이다. 이러한 제약이론을 이상의 도요타 리콜 사태에 적용해 본다면, 가속페달 부품 하나가 도요타 자동차의 전체 품질을 결정했다고 볼 수 있다. 어쨌든 도요타 자동차가 공급망에서 발생한 문제로 인하여 엄청난 손해를 볼 것이란 것은 불을 보듯 뻔하다.

공급망관리의 정의

공급망관리는 언제부터 시작되었을까? 공급망관리라는 용어가 사용되기 이전에 이미 공급망관리와 비슷한 개념들이 미국의 일부 산업에서 개발되어 운영되고 있었다.

미국 의류업계에서는 1985년에 일본 도요타 자동차의 생산시스템인 JIT_{Just In Time}를 바탕으로 한 QR_{Quick Response: 신속대응}을 시작하였다. QR은 제조업체와 유통업체간 파트너십_{Partnership}, 정보기술 등을 이용하여 주문접수부터 배송까지의 '총 사이클 타임'에서 발생되는 재고 체류시간 등을 감소시켜 수익을 창출하는데 주안점을 두었다.

그러자 당시 일년에 서너번씩 관행적으로 실시되던 제조업체의 가격인하 판촉행사 때문에 도소매업체들이 미리 제품을 매입하는 Forward Buying 등으로 재고 증가, 생산설비 과잉 투자 등의 부작용이 나타나 고민하던 미국 식료품업계에서도 1990년대 초에 QR을 발전시킨 ECR_{Efficient Consumer Response: 효율적 소비자 대응}을 시작하였다. 미국의 ECR 활동이 가시적인 성과를 내자 이내 유럽과 호주로 퍼져나갔다.

학자들이 산업체 현장에서 발생했던 그와 같은 여러 개념들을 하나의 큰 개념으로 발전시켜 정리하였는데 그것이 바로 공급망관리_{Supply Chain Management: SCM}이다. 공급망관리의 정의는 다음과 같다.

연구자(연도)	SCM 정의
한동철(2002)	제품의 생산단계에서부터 소비자에게 최종적으로 판매될 때까지의 모든 과정을 연결시켜 관리하는 것
김남영(2007)	제품이나 서비스의 생산에서부터 소비까지의 모든 프로세스를 하나의 시스템으로 관리하여 탁월한 고객가치를 창출함으로써 경쟁우위를 확보하는 것
최정욱(2009)	필요한 외부 자원의 조달에서 시작하여 구매, 제조, 분배, 유통을 거쳐 소비자에 이르는 모든 재화 및 서비스 그리고 그것에 수반되는 가치의 흐름을 통합하고 연계하여 전체적인 하나의 시스템으로 이해하고 분석하려는 노력

공급망관리의 정의로부터 핵심 키워드를 뽑아본다면, '연계'와 '통합' 그리고 '하나의 시스템'을 들 수 있다. 그리고 공급망관리자는 아래 그림에서 보는 바와 같이 연계되고 통합된 하나의 SCM 시스템상에서 제품Box과 대금Bucks과 정보Byte 등 3B의 흐름을 관리해야 한다.

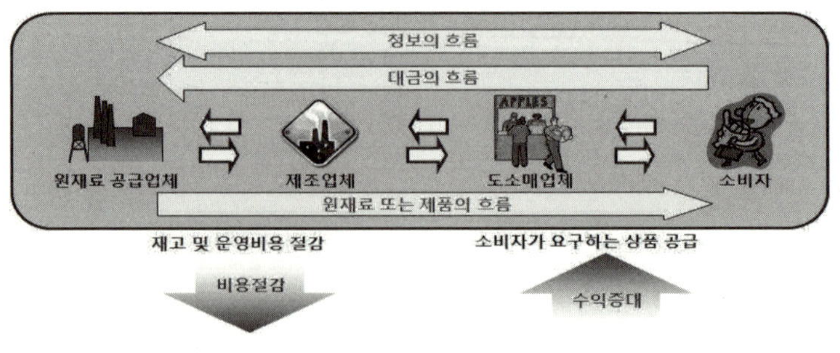

공급망관리의 정의

공급망관리의 핵심개념, 채찍효과

채찍효과의 발견

미국의 몇몇 대학교수들이 어느 날 가정용품 제조업체인 P&G
Procter & Gamble사의 인기 제품인 아기 기저귀의 주문 자료를 분석하
다가 다음과 같은 재미있는 패턴을 발견하였다.

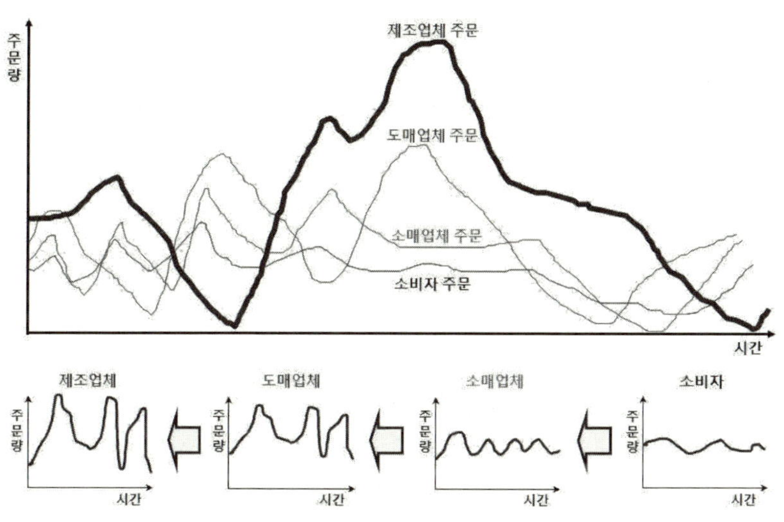

P&G사 아기 기저귀 제품의 주문 패턴

이 그래프를 살펴보면, 소비자가 실제로 주문한 기저귀의 양은 어
느 정도 일정했는데도 불구하고 제조업체인 P&G가 아기 기저귀의
원재료 공급업체에 주문한 양은 상당히 들쭉날쭉하다는 것을 알 수

있다. 물론 소매업체에서도 이 같은 널뛰기 현상이 나타나기는 하였으나, 그 변화 정도는 자사의 그것보다는 적은 편이었다. 교수들은 이 그래프의 모습이 마치 소를 몰고 갈 때 긴 가죽 채찍Bullwhip을 사용하면 손잡이 부분에서의 작은 힘이 끝부분에서 큰 힘으로 바뀌어서 엉덩이에 채찍질을 당한 소가 깜짝 놀라 요동치는 모습을 연상시킨다고 해서 채찍효과라고 명명했다.

채찍효과Bullwhip Effect는 소비자의 주문 정보가 공급망상에서 소매업체와 도매업체를 거쳐서 제조업체 쪽으로 전달될수록 정보의 변형 정도 및 증폭 정도가 커지는 현상이다. 아래 그림을 보면 800cc의 맥주만 채워도 거품이 생겨서 1,000cc짜리의 잔을 꽉 채운 것처럼 보이는 현상이 떠오르지 않는가!

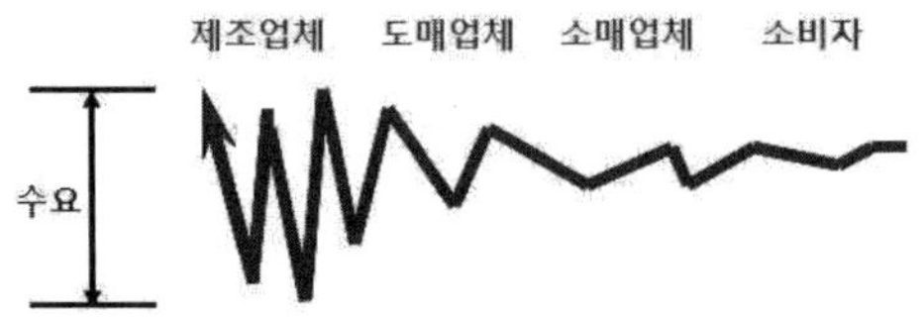

채찍효과

다음과 같은 두 가지 현상은 채찍효과를 구체적으로 설명하고 있다.

구분	설명
수요 왜곡	공급망상의 소매업체-도매업체-제조업체의 주문수요가 소비자의 실제 구매 수요보다 더 큰 규모의 변화를 유도하는 것
변화 확산	주문량의 변화가 공급망을 따라 가면서 증대되는 것

채찍효과 발생 원인

그러면 이러한 채찍효과는 왜 생기는 것일까? 여러 가지 원인이 있겠지만, 첫 번째는 개별 기업 관점에서의 주문 때문이다. 다음 사례를 살펴보자.

휴대폰 제조업체였던 모토로라는 1996년에 세계 최초의 폴더형 휴대폰인 '스타택StarTAC'을 출시하여 대박을 터뜨렸다. 모토로라는 88g으로 가볍고 패션폰인 스타택으로 단숨에 휴대폰 업계의 강자로 군림하기 시작하였다.

그러자 유통업체들은 스타택을 '황금알을 낳는 거위' 제품으로 보고 크리스마스 시즌에 대비한 예상 판매량을 한꺼번에 주문하기 시작하였다. 그런데 그 예상 판매량이란 것이 문제였다. 당시 제조업체들은 유통업체들의 주문이 일시에 폭주할 경우 관례적으로 주문량의 일정 비율을 할당하는 방식으로 제품을 공급하였다. 그런데 이런 관행을 이미 알고 있었던 유통업체들이 제조업체들의 할당방

식을 역이용하여 실제 예상 판매량보다 두 배나 세 배가 많은 주문
을 넣었던 것이다.

이 사실을 몰랐던 모토로라는 유통업체들의 주문에 대응하고자 생
산시설을 늘려나갔고, 그것은 모토로라의 원재료 공급업체들에도
파급되었다. 그러나 크리스마스 시즌이 끝나면서 스타택의 판매량
이 줄어들자 유통업체들은 남아있던 주문량을 취소하기 시작하였
다. 그것은 모토로라와 그 원재료 공급업체들의 경영을 어렵게 했
다. 모토로라 생산공장의 가동률은 급격하게 하락하기 시작했고,
창고의 재고는 엄청나게 늘어만 갔다. 그 결과는 모토로라의 주가
하락으로 이어졌다.

이것은 개별 기업 관점에서 시작된 의사결정이 전체 공급망의 수요
왜곡 현상으로 나타난 대표적인 사례이다. 공급망은 세금인상이나
인하, 보조금 지원이나 삭감 등 정부의 정책 변경 또는 유가 인상
이나 인하 등 해외의 환경변화, 웰빙 인식 증대 등 소비자의 인식
변화 등에 의해서도 영향을 받을 수 있다.

채찍효과가 발생하는 또 다른 이유는 주문과 배송간의 시간차 때문
이다. 소매업체가 주문한 제품은 주문처리시간, 물류이동시간 등으
로 인하여 어느 정도 시간이 지나야만 배송된다. 그런데 그 시간이
길어질수록 주문량이 많아지게 되고, 허수 주문들도 나타나게 된
다. 또한 많아진 주문량은 재고량 증가로 이어지고 만다.

그럼 채찍효과를 없애는 방법은 있을까? 완전히 없애는 방법은 없다. 하지만 획기적으로 줄일 수는 있다. 그 방법 중 하나는 제조업체와 유통업체가 생산과 유통에 필요한 정보를 공유하는 것이다. 그럼 제조업체는 유통업체의 가수요가 묻어있을 수 있는 주문정보가 아닌 유통업체가 공유한 실제 판매정보를 가지고 자사 제품의 시장수요를 보다 정확하게 예측할 수 있다. 바로 그 유통업체의 실제 판매 정보에 채찍효과 감소의 비밀이 숨어있다. 현업에서는 그런 개념을 다음과 같은 방법으로 구현하여 실제로 운영했는데, 효과를 보고 있다.

제품 수요 예측 정확성 향상 방법들

구분	설명
CRP	Continuous Replenishment Program의 약자이며, 소매점포의 물류창고에서 나가는 제품정보를 기준으로 제품을 보충하는 방법이다.
VMI	Vendor-Managed Inventory의 약자이며, 소매업체의 재고는 공급망상의 상위에 위치한 도매업체에서 관리하고, 도매업체의 재고는 그 상위인 제조업체에서 관리하는 방법이다. 이것은 도매업체와 제조업체가 소매업체에서 발생되는 판매정보를 공유할 수 있음을 의미한다.
CPFR	Collaborative Planning, Forecasting Replenishment의 약자로, 공동 계획, 예측과 보충전략이라 한다. 제조업체와 유통업체가 공동으로 협력하여 상호의 제조 정보와 판매 유통 정보 등을 공유하고 더 나아가 생산계획이나 판매 계획까지도 공동으로 협력하여 수립할 수 있다는 것을 의미한다.

채찍효과를 줄이는 또 다른 방법은 재고보충시간을 단축시키는 것이다. 이것은 수요의 불확실성도 감소시키고 허수 주문도 줄이는 효과가 있다. 현업에서는 이 개념을 구현하여 운영하고 있는데, 그 첫 번째 예는 사전출하통지라고도 하는 ASN_{Advanced Shipment Notice}이다. 이것은 배송 전에 주문번호, 배송일시, 제품, 수량, 포장단위, 운송차량 등의 정보를 도소매업체의 물류센터에 알려주는 방법으로써, 도소매업체의 물류센터에서 ASN을 바탕으로 배송된 제품을 검품함으로써 검품 작업 간소화, 검품 시간 감소 등의 효과를 얻을 수 있다. 두 번째 예는 크로스도킹_{Cross-Docking}이다. 크로스도킹은 제조업체에서 제품을 물류창고에 입고하면 바로 소매점포별로 분류하여 배송하는 시스템이다. 이것은 제품이 물류창고에 머무르는 시간을 줄여줌으로써 재고보충시간을 짧게 하는 효과가 있다.

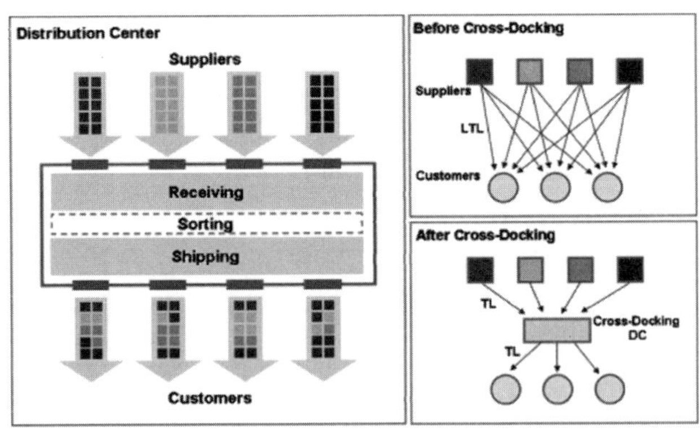

자료원 : http://people.hofstra.edu/geotrans/eng/ch5en/conc5en/crossdocking.html

크로스도킹의 모습

공급망관리의 구조 및 실천

공급측면과 수요측면의 구조

'연계'는 공급망관리의 핵심 키워드였다. 이것은 공급망관리에서 여러 참여 업체들의 관계 연계에 대한 중요성을 나타내는 것이다. 실제로 제조업체와 소매업체간의 정보공유를 바탕으로 채찍효과 감소 방안이 도출된다는 사실만 보더라도 정보공유의 선행요인인 연계의 중요성은 자명하다 할 수 있다.

공급측면 부분Supply Chain과 수요측면 부분Demand Chain의 연계는 그 중에서도 특히 중요하다. 여기서 공급 측면 부분은 공급망상에서 원재료 공급업체First-Tier Supplier, Mother Earth에서부터 제조업체Second-Tier Supplier까지를, 수요측면 부분은 도매업체Vendor에서부터 소매업체까지를 말한다.

공급측면 부분의 목표는 비용절감이기 때문에 효율적인 제품 취급 및 제품 흐름, 수송 및 전달 등에 주안점을 두고 있는 반면에 수요측면 부분은 수익증대가 목표이므로 소비자의 서비스 욕구 충족 및 제품 공급 탄력성 최대화 등에 주안점을 두고 활동한다. 이렇게 공급측면 부분과 수요측면 부분은 상이한 목표로 인하여 단절이 발생하기 쉽다. 그런 단절이 바로 공급망관리를 통하여 해소될 수 있는 것이다.

따라서 수요측면과 공급측면에서 본 공급망관리의 구조는 다음과
같은 모습으로 정리할 수 있다.

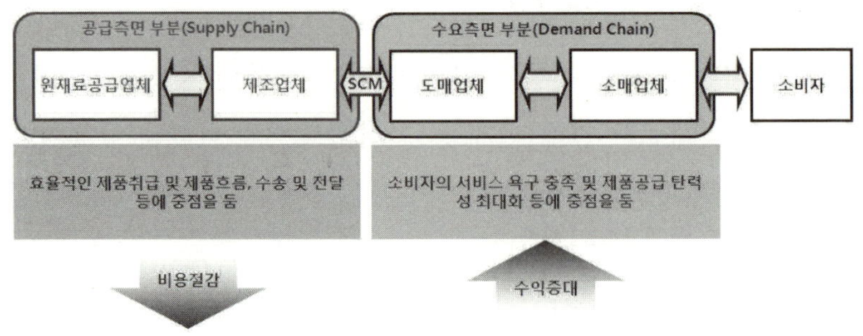

공급측면과 수요측면의 구조

Push형과 Pull형의 구조

공급망 구조는 전통적으로 다음과 같은 Push형 구조였다.

Push형 공급망 구조

이것은 제품을 밀어내는 공급망이라 불리는 Push형 공급망 구조이
다. Push형 구조는 소비자 미래에 주문할 것을 미래 예측하여(사
전에 소비자의 수요를 정확하게 모르고) 제품을 생산Production based
on forecasts하고, 생산된 제품을 공급망 하류로 밀어내서 판매Sell what
we make하는 공급망을 말한다.

그런데 1990년대 이후 미국의 선진기업들이 정보기술을 활용하여 다음과 같은 공급망 구조로 변신을 시도하기 시작하였다.

Pull형 공급망 구조

이것은 제품을 당기는 공급망이라 불리는 Pull형 공급망 구조이다. Pull형의 구조는 실제로 소비자가 주문Customer orders한 정보를 끌어와서(사전에 소비자의 수요를 명확하게 알고) 팔릴 제품만을 생산Make what we sell하는 공급망을 말한다.

공급망관리와 정보통신기술

공급망관리에서 Push형 구조와 Pull형 구조 중 어느 것이 더 효과적일까? 이론적으로는 소비자의 실제 주문을 바탕으로 하는 Pull형이 더 효과적일 것이다. 그렇다면 왜 과거 기업들은 상대적으로 더 효과적인 Pull형 구조 대신에 Push형 구조를 사용했을까? 그것은 제조업체가 소매업체에서 생성되는 실제 판매정보를 이용할 수 없었기 때문이다.

그런데 인터넷과 새로운 정보통신기술의 출현이 제조업체와 소매업체간의 정보 공유를 현실화시켰다. 그 중에서 바코드Bar-Code나

기타 각종 인식코드Identification Code를 제품에 부착하여 소매점에서 소비자가 구매하는 제품을 곧바로 정확하게 인식하는 POS 시스템Point-Of-Sale System이 대표적이다.

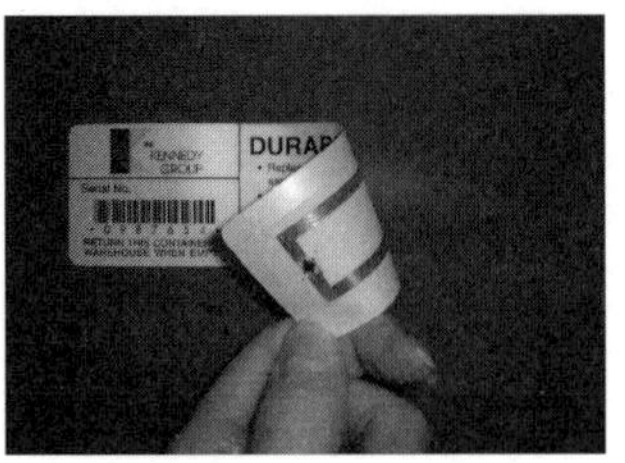

자료원 :
    http://blog.joins.com/media/folderListSlide.asp?uid=riheetae&folder=50&list_id=11194663
    http://kr.blog.yahoo.com/baekjo33/1458.html?p=1&t=2

바코드와 RFID의 모습

여기서 바코드는 제품 포장지에 여러 개의 검은 줄Bar로 그 제품의 정체를 표시한 것이다. 바코드 아래에 13개의 숫자가 있는데, 그 중 앞쪽 3자리 숫자는 국가별 식별코드(우리나라는 1988년의 88올림픽을 기념하기 위하여 880이라는 국가코드를 부여 받았다고 함), 다음의 4자리 숫자는 업체별 고유코드, 그 다음 5자리 숫자는 제품에 부여하는 코드, 마지막의 한 자리 숫자는 컴퓨터 체크 디지트이다. 이런 바코드는 RFRadio-Frequency 신호를 사용하여 물품에 부착된 전자태그를 비접촉식으로 식별하는 자동인식기술인 RFIDRadio-Frequency IDentification로 대체되고 있는 추세이다.

한편, 공급망관리는 공급망상에 있는 원재료공급업체, 제조업체, 도소매업체 등 모든 기업이 공동으로 데이터베이스DataBase: DB를 구축하여 사용한다.

공급망관리의 프로세스

SCOR 모형

비영리조직인 공급망협회Supply Chain Council: SCC, http://supply-chain.org는 기존의 비즈니스 프로세스 리엔지니어링Business Process Reengineering 과 벤치마킹Benchmarking 그리고 최고의 관행Best Practices 분석 등의 방법을 하나로 통합하여 프로세스 참조 모형Process Reference Model을 개발하였다.

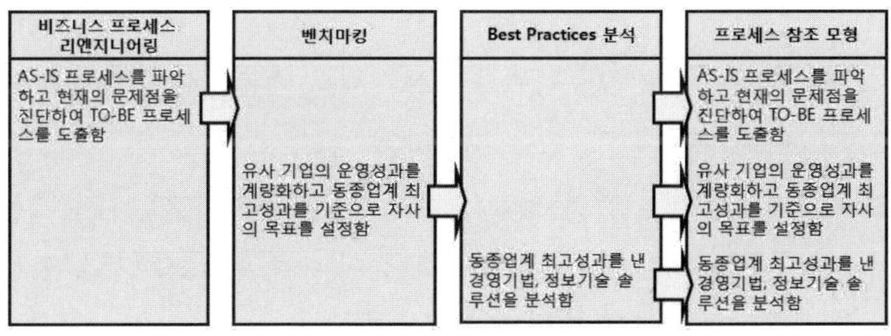

SCC의 프로세스 참조 모형 접근 방법

아래 SCORSupply Chain Operations Reference 모형이 바로 SCC가 개발하여
보급중인 프로세스 참조 모형이다.

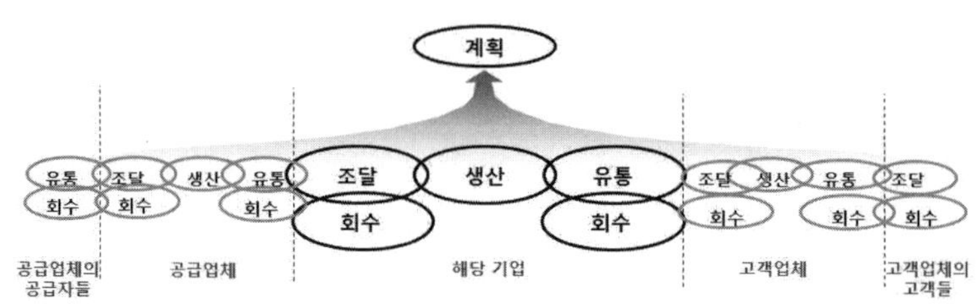

SCOR 기본 모형

SCOR 모형은 해당 기업의 공급업체로부터 고객업체에 이르기까지
계획Plan, 조달Sourcing, 생산Make, 유통Delivery, 회수Return 등 5개의 공
급사슬 프로세스로 구성된 공급망을 통합적으로 관리하고 조정하
는 모습을 보이고 있다.

SCOR 모형은 총 4개의 비즈니스 프로세스 수준으로 구성되어 있
다. SCOR 수준 1은 공급망을 구성하는 계획, 조달, 생산, 유통, 회
수 등 5개의 기본 프로세스Process Type로 구성되며, SCOR 수준 2는
비축생산, 주문생산, 주문설계 등과 같이 수준 1의 프로세스별 하
부 프로세스인 19개의 표준 프로세스 카테고리Process Category로 구성
된다. SCOR 수준 3은 판매주문, 구매주문, 작업지시, 반품허가,
재고보충주문, 예측 등과 같이 수준 2의 하부 프로세스별로 수행되
는 활동들 즉, 프로세스 요소Process Element들로 구성된다. 마지막으

로 SCOR 수준 4는 수준 3의 활동별로 개별 기업 전략이나 상황을 고려해 만들어지는 운영상의 과업Exexution or Implementation들로 구성된다. SCOR 모형에서 제시하는 19개의 프로세스 카테고리는 다음과 같다.

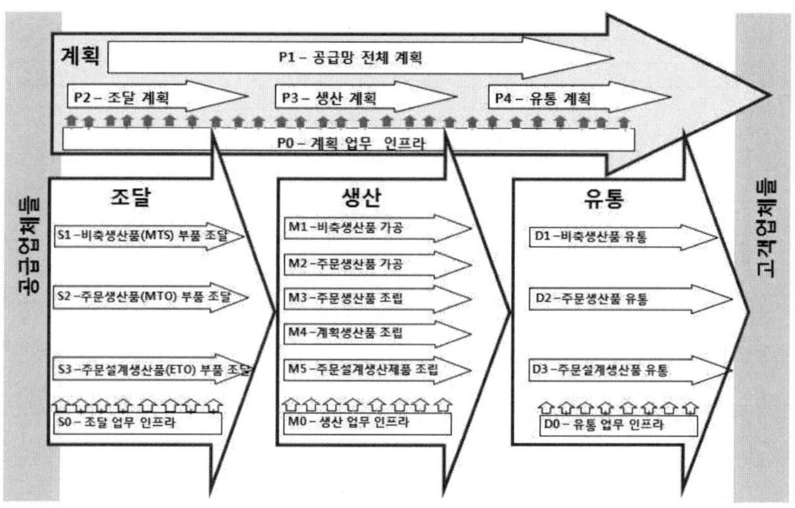

SCOR 모형의 19개 프로세스 카테고리 모습

그림에서 나오는 용어 중 MTS, MTO, ETO는 생산유형의 예이다. 미국 생산재고관리협회American Production and Inventory Control Society: APICS는 고객의 주문이 제조 프로세스의 어느 시점에 반영되는가에 따라 생산유형을 다음과 같이 분류하였다.

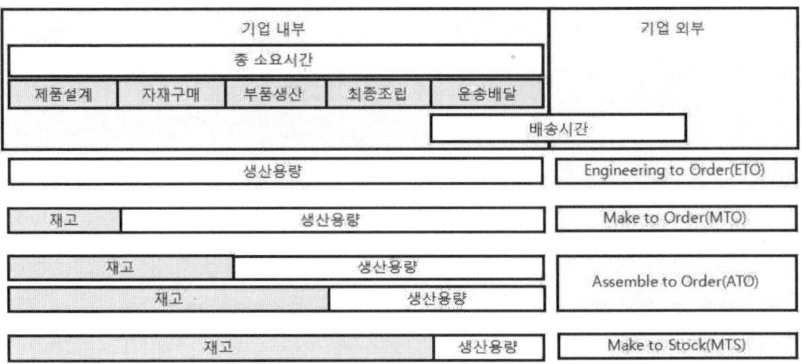

APICS가 분류한 생산유형

MTSMake-to-Stock: 비축생산 또는 계획생산는 수요를 예측해서 생산하여 재고로 가지고 있다고 판매하는 형태로서 대량으로 판매되는 표준화된 제품에 적합한 생산 전략이다. MTOMake-to-Order: 주문생산는 고객으로부터 주문을 받은 다음에 생산하는 형태로서 맞춤형 제품이나 가끔씩 주문이 발생하는 제품에 적합하다. ETOEngineer-to-Order: 주문제작는 복잡한 제품을 특정 고객의 요구에 맞춰서 제작하는 것을 말한다.
기업이 생산유형을 결정하면 그에 따라 업무 프로세스도 변경되기 때문에 생산유형은 주의 깊게 결정해야 한다.

한편, SCOR 모형의 구조는 다음과 같이 3계층으로 구성되어 있다. 계층 1은 전략적 성과 단계이고, 계층 2는 공급망 구성 단계이고, 계층 3은 프로세스 요소 단계이다. 그러나 공급망 변화의 실행 단계는 세부적인 실행 내용까지 모형화하는 것에 대한 현실적인 어려움으로 인하여 SCOR 모형에 포함되지 않았다.

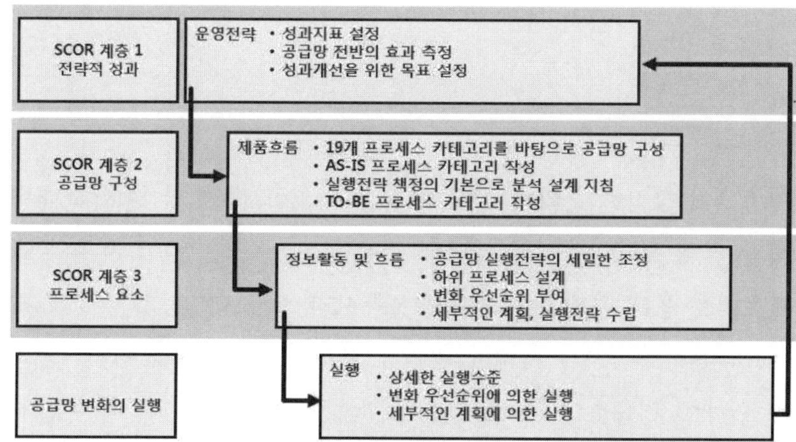

SCOR 모형의 구조

이 같은 SCOR 모형의 구조는 공급망 개선을 위한 프로젝트 수행 절차를 의미한다.

공급망관리 개념의 응용

기업들이 급격한 온라인 시장의 성장과 소비자요구의 변화에 대응하기 위해 공급망관리의 개념에 주목하고 있다. 애플이 자사의 앱 스토어를 통해 콘텐츠를 손쉽게 유통시켜 스마트폰 등 모바일 기기의 가치를 향상시킨 사례나 과거 LMSLearning Management System 솔루션 판매에 집중했던 국내 기업이 콘텐츠 기획, 제작, 판매는 물론 출판에 이르기까지 콘텐츠 중심 비즈니스로 변신한 사례 등이 이에 해당된다. 애플의 혁신적인 비즈니스 모델은 현재 콘텐츠 중심의 새로운 생태계를 형성해 나가고 있다. e북은 그런 콘텐츠 중심의 새로운 생태계에서 주목 받고 있는 콘텐츠 유형 중 하나이다.

e북이란 개인용 컴퓨터나 전용 이동식 단말기를 통해서 볼 수 있는 인쇄본의 전자 형태를 말한다. e북 열풍을 주도한 '킨들'을 출시한 아마존은 2009년 기준 미국 e북 단말기 시장에서 65%의 시장 점유율을 보이고 있다. 세계 전자출판사업은 2014년까지 연평균 27.2%로 급성장하여 2014년에 82억 6천만 달러 규모에 달할 것으로 예상하고 있다. 시장 조사 기관인 PwC는 권역별로 북미권의 성장률은 21.5%인 반면에 유럽권은 53.8%, 중국은 42.9%, 한국을 포함한 아·태권은 35.3%로 높은 연평균 성장률을 보일 것으로 예측하고 있다.

현재 국내의 e북 공급망관리 구조는 다음과 같이 정리할 수 있다.

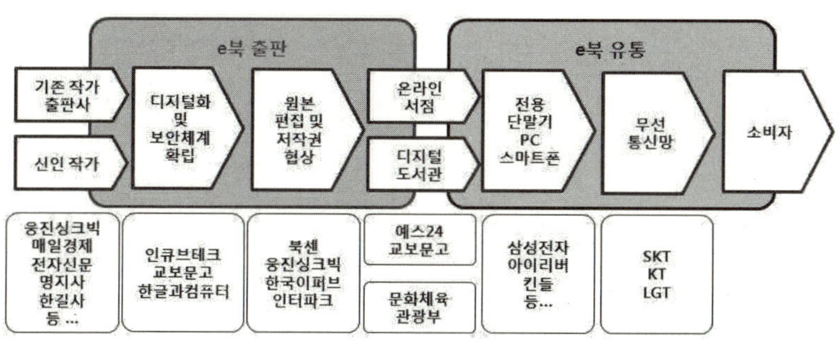

자료원 : SK C&C 기술혁신센터, eBook 기술 동향, IT 기술 동향 분석 Report(5月 1~2주차), 2010년, p.4

국내 e북 공급망의 모습

그린 공급망관리

친환경 규제가 전세계적으로 강화되고 있는 가운데 우리나라도 2013년부터 2차 온실가스 의무감축 대상국에 포함될 것으로 예상되고 있다. 이에 국내기업들도 산업마다 이슈는 다르지만 공급망관리 전 과정에서 이산화탄소 배출량을 줄여야 한다는 사실을 인식하기 시작했다. 공급망 전체에 대한 통합적 관리는 탄소 배출 거래제 영향으로 이제 필수가 되고 있다.

친환경 공급망관리라고 부르기도 하는 그린 공급망관리는 지구온난화 대응을 위한 공급망 운영상의 탄소 배출 감소를 위한 핵심 개념이다. 그린 공급망관리 없는 지속가능 경영 구현은 상상할 수 없는 상황이 됐다. 그린 공급망관리를 구현하기 위한 첫 단추는 구매, 개발, 생산, 판매, 물류, 유통 등 전 과정에서 발생하는 탄소를 측정하는 것이다. 그리고 탄소 저감을 목표로 한 원재료 공급업체, 제조업체, 유통업체 사이의 협업은 아주 중요하다. 실제로 테스코와 P&G는 테스코의 물류 트럭으로 P&G의 제품을 물류 창고로 통합 배송하게 해 CO_2를 많이 줄인 제조-유통업체간 친환경 공급망관리 협업 성공 사례도 나타나고 있다.

절세 공급망관리

선진 기업들은 정보통신기술과 네트워크의 발달 덕택으로 전세계적에서 판매하고 있으며, 공급기지도 다변화되고 있다. 기업들은 그런 과정에서 기업의 수익에 큰 영향을 미치는 세금에 주목하기 시작했다. 즉, 세금을 낮출 수 있는 절세 공급망관리가 해외에서 새롭게 떠오르고 있는 것이다.

절세 공급망관리는 세금 관점에서 공급망관리를 최적화하여 수익을 극대화하는 것을 목표로 한다. 국내 기업들도 글로벌 금융위기를 겪으면서 서서히 관심을 보이고 있다. 예를 들어 법인세율이 낮은 국가에서 많은 이익을 남기면 세무 효율성을 높아진다. 이 때문에 삼성전자나 LG전자 등이 해외에 새로운 생산공장이나 물류센터를 설립할 때 전략적으로 세금 우대 효과가 있는 국가나 지역을 고려하여 물류 네트워크를 재구성하고 있다.

1. ______________는 미국 의류업계의 QR, 식료품업계의 ECR 등의 개념들을 하나의 큰 개념으로 발전시켜 탄생하였다.

2. ____________, ____________, ____________은 공급망관리의 정의로부터 핵심 키워드이다.

3. 공급망관리시스템은 __________, __________, __________등 3B의 흐름을 관리한다.

4. ____________는 소비자의 주문 정보가 공급망상에서 소매업체와 도매업체를 거쳐서 제조업체 쪽으로 전달될수록 정보의 변형 정도 및 증폭 정도가 커지는 현상이다.

5. 제조업체와 유통업체간 ____________는 채찍효과를 줄이는 방법 중 하나이다.

6. VMI는 ____________의 약자이다.

7. CPFR는 _____________의 약자이다.

8. _____________은 제조업체에서 제품을 물류창고에 입고하면 바로 소매점포별로 분류하여 배송하는 시스템이다.

9. 공급망관리는 공급측면의 _____________이란 목표와 수요측면의 _____________란 목표의 상이함에서 비롯된 단절을 해소할 수 있는 도구이다.

10. _____________형의 구조는 실제로 소비자가 주문한 정보를 끌어와서(사전에 소비자의 수요를 명확하게 알고) 팔릴 제품만을 생산하는 공급망을 말한다.

11. _____________ 모형은 비영리조직인 _____________에서 개발하여 보급 중인 프로세스 참조 모형이다.

12. _____________는 수요를 예측해서 생산하여 재고로 가지고 있다고 판매하는 형태로서 대량으로 판매되는 표준화된 제품에 적합한 생산 전략이다

협상의 이해

협상의 어원은 라틴어 'Negotiatus'이다. 이것은 'to carry on business' 즉, '비즈니스를 계속하다'라는 의미를 가지고 있다. 애플 사례에서도 우리는 스티브 잡스의 다른 모습 즉, 교섭력의 힘을 보았듯이, 비즈니스Business와 협상Negotiation은 실과 바늘처럼 불가분의 관계에 있다. 이것이 바로 여러분이 협상을 공부해야 하는 이유이다.

자기진단표

나의 협상 전문가 지수는 몇 점?

협상! 많이 들어보긴 했지만 협상 관련 책은 한 번도 읽어본 적이 없었다고요?

걱정하지 마세요. 책장을 넘기면 재미나는 협상 이야기가 흘러나오니까요. 협상 이야기를 읽다 보면 복잡한 비즈니스 세상 속에 흐르는 핵심 개념이 머리에 쏙쏙 들어와 쉽게 이해할 수 있어요.

먼저, 당신의 협상 전문가 지수부터 알아볼까요?

질문 1. "모든 일의 기초는 ______이다. ______은 정신력과 밀접한 관계가 있다. 따라서 협상에 필요한 정신력을 갖추려면 먼저 ______을 길러야 한다."에서 ______안에 공통으로 들어가는 단어는 무엇인가?

질문 2. 협상가의 시각으로 볼 때, 영업팀이 "상품개발팀에서 고객의 마음 사로잡는 상품을 만들어야 한다."고 불평하면서 "영업팀이 매력 없는 상품을 파는 데는 한계가 있다"고 주장하는 것은 옳은 것일까? 틀린 것일까?
　① 맞다. 영업팀에 일방적인 부담을 강요하는 것은 잘못이므로 상품개발팀에 더욱 강력하게 요청해야 한다.
　② 반은 맞고 반은 틀리다. 상품개발팀도 노력해야 하고, 영업팀도 노력해야 한다.
　③ 틀리다. 영업팀은 영업력을 더욱 높여야 한다.

질문 3. 당신은 다음 중에서 어느 것을 협상에서 가장 중요한 규칙이라고 생각하는가?
　① 나 외에는 모두 적이므로 상대방을 배려할 필요가 없다.

② 상대방이 나에게 해주었으면 하는 것을 상대방에게 해준다.

③ 협상에 필요한 규칙은 상황에 따라 다르다.

④ 협상력은 선천적으로 타고나는 능력이므로 협상을 위하여 따로 준비할 것은 없다.

질문 4. 협상에서 2개 이상의 안건이 있을 때 어느 안건부터 공략하는 것이 효과적인가?

① 합의하기 어려운 안건

② 합의하기 쉬운 안건

질문 5. 정해진 협상 기한은 다가오는데 상대방과의 가격 협상이 쉽지 않은 상황일 때 당신이 협상에 임하는 태도는?

① 다른 대안이 없으므로 상대방 조건을 받아들인다.

② 협상마감을 고려하여 빨리 협상을 진행시킨다.

③ 협상기한에 너무 신경 쓰지 않고 여유 있게 협상을 진행시킨다.

답

1. 체력
2. ③
3. ②
4. ②
5. ③

세상의 8할은 협상이다

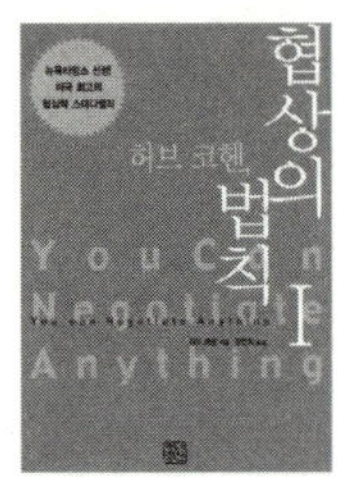

도서명 : 허브코헨, 협상의 법칙 Ⅰ
지은이 : 허브코헨(강문희 옮김)
출판사 : 청년정신

세상의 8할은 협상이다. 나의 하루 생활을 살펴보면, 나는 새벽에 조금이라도 더 자기 위해 아내와 협상하고, 직장에서 조금이라도 업무를 덜기 위해 동료들과 협상하고, 늦은 퇴근길에 어느 길로 가야 할지를 택시기사와 협상한다. 심지어는 집에 와서 맥주 한 캔을 마셔야 할 지 말아야 할지에 대해 자기자신과 협상하기도 한다.

《협상의 법칙Ⅰ》에서 허브 코헨은 이 같은 맥락을 배경으로 원제처럼 "You can negotiate anything"을 주장한다. 허브 코헨은 협상의 세가지 중요한 변수는 힘과 시간 그리고 정보라고 말한다. 《협상의 법칙Ⅰ》은 힘, 시간, 정보란 무엇이며, 이것들을 어떻게 확보하여 이용할 것인가를 읽기 쉽고 실용적인 이야기들로 채우고 있다. 그리고 허브 코헨은 강조한다. 서로에게 이기는 협상이 중요하다고.

나도 무엇이든지 얻을 수 있고 세상도 움직일 수 있다는 세상의 8할을 지배하는 협상이란 것을 배우고 싶다. 그것보다 더 가치 있는 노력이 있을까?

협상은 예술이 아니라 과학이다!

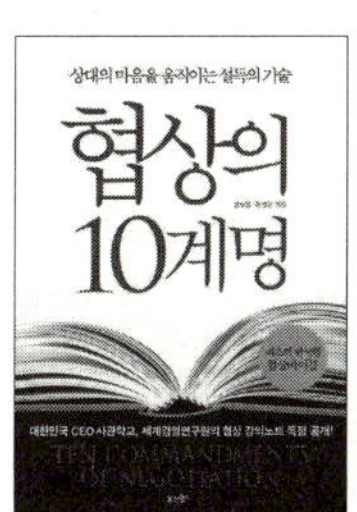

도서명 : 협상의 10계명
지은이 : 전성철, 최철규
출판사 : 웅진윙스

협상은 예술이 아니라 과학이다. 그래서 당신도 업무에서 생활에서 연습과 노력을 통해 얼마든지 협상력을 향상시킬 수 있다. 《협상의 10계명》에서 전성철과 최철규는 이 같은 맥락을 배경으로 사람의 마음을 움직이는데 필요한 가장 기본적인 접근법과 이를 실천하는데 도움이 되는 '협상의 10계명'을 다음과 같이 제시한다.

제1계명 요구Position에 얽매이지 말고 욕구Interest를 찾아라
제2계명 양쪽 모두를 만족시키는 창조적 대안Creative Option을 개발하라
제3계명 상대방의 숨겨진 욕구Hidden Interest를 자극하라
제4계명 윈윈Win-Win 협상을 만들도록 노력하라
제5계명 숫자를 논하기 전에 객관적 기준부터 정하라
제6계명 합리적 논거Rationale & Data를 협상의 지렛대로 활용하라

제7계명 배트나Best Alternative To Negotiated Agreement를 최대한 개선하고
　　　　활용하라
제8계명 좋은 인간관계를 협상의 토대로 삼아라
제9계명 질문하라, 질문하라, 질문하라
제10계명 NPTNegotiation Preparation Table를 활용해 준비하고 또 준비하라

사람을 움직이게 하는 것은 사람의 마음이다. 그래서 마음은 가장
중요하다 할 수 있다. 전성철과 최철규가 말하는 상대의 요구보다
욕구에 집중하라는 것도 결국 상대의 마음에 집중할 것을 강조한
말일 것이다. 나도 승리하고 상대방도 승리할 수 있는 마음을 얻는
법을 배우고 싶다. 그것보다 더 가치 있는 노력이 있을까?

협상의 의미

협상의 중요성

'말 한마디로 천냥 빚을 갚는다'라는 옛말은 세치 혀가 빚어내는 말의 중요성을 강조한 속담이다. 협상이란 바로 이 '세치 혀'를 이용하여 상대방의 생각을 나에게 유리한 방향으로 바꾸어 서로 이익을 얻는 즉, 누이 좋고 매부 좋은 윈윈Win-Win 게임이다. 예를 들어, 고려시대 서희는 피 한 방울 흘리지 않고 전쟁을 피했을 뿐만 아니라 우리나라 영토도 압록강변까지 확장했다. 또한 협상 상대방이었던 거란도 후방에 있던 고려를 걱정하지 않고 송나라와의 총력전을 준비할 수 있게 되었다. 고려시대 서희의 협상 이야기를 좀 더 자세히 살펴보도록 하자.

고려 성종 12년인 993년에 만주지역에서 세력을 키운 거란은 소손녕을 앞세워 80만 대군을 이끌고 고려를 쳐들어 왔다.

소손녕: "80만 군사가 도착했다. 만일 강변까지 나와서 항복하지 않으면 섬멸할 것이니, 고려의 군신들은 우리 군영 앞에 와서 항복하라."

잔인하기로 소문난 거란군의 규모와 협박에 발칵 뒤집힌 고려 조정의 의견은 '지금의 평양인 서경 이북의 땅을 떼어 주고 거란에 항복

하자'는 할지론(割地論)의 대세 속에 '결사항전하자'는 일부 강경파의
주장으로 나뉘었다. 그러나 서희의 생각은 그들과 달랐다.

자료원 :
   http://www.dailian.co.kr/news/news_view.htm?id=178298&sc=naver&kind=menu
   _code&keys=25

서희 초상

서희는 몇 명의 수행원만을 데리고 거란군 총사령관 소손녕과의 담
판에 나섰다.

자료원 : http://blog.daum.net/bbshin65/6964624

서희 소손녕 협상장면

소손녕: "왜 사신을 보내는 일을 하지 않느냐?"

서희: "옛 고구려 땅인 압록강변에 거칠고 사악한 여진이 몰래 거주하여 길을 막고 있어서 사신을 보내고 싶어도 보낼 수가 없지 않은가?"

서희의 이런 주장은 거란 왕에게 받아들여져 소손녕은 결국 사신을 보내는 조건으로 여진이 차지하고 있던 흥화진, 용주, 철주, 통주, 귀주, 곽주 등 강동 6주를 고려에 넘겨준 뒤 물러났다.

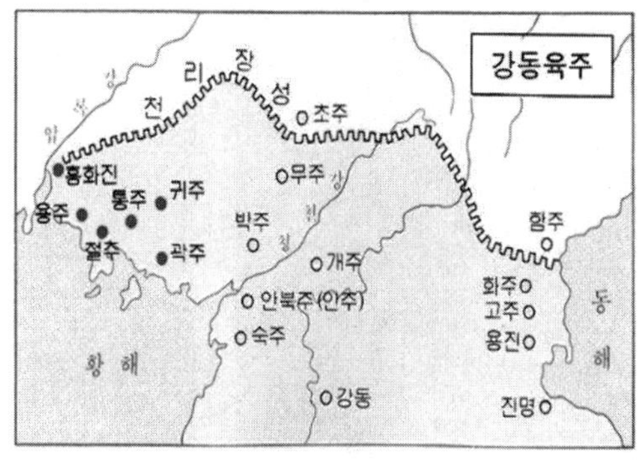

자료원 : http://blog.daum.net/bbshin65/6964624

강동 6주

이와 같은 고려시대 서희 담판은 협상의 중요성을 단적으로 보여주는 사례라 할 수 있다. 우리나라 정부외교통상부도 2009년 10월에 '우리 외교를 빛낸 인물' 1호로 서희를 선정하여 그 공을 기리고 있다.

저자가 초등학교 5학년 때 만났던 담임선생님은 정말 무서웠다. 그래도 다행인 것은 그런 공포감 때문이었는지는 몰라도 저자의 기억 속에 제법 쓸만한 일말의 상식이 오랫동안 머무르고 있다는 점이다. 사람 인人자를 예로 들어 보면, 이 한자는 성인 남성이 손을 모으고 서 있는 옆 모습을 본떠 만들었고 뒤에 남녀노소를 가릴 것 없이 사람을 이르는 글자가 되었다고 한다.

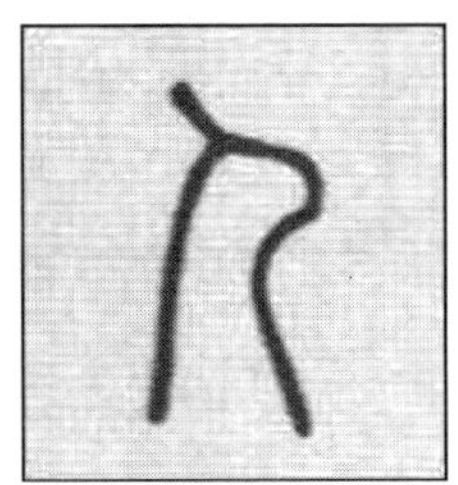

사람 인人자

그러나 당시 담임 선생님은 이 글자가 서로 기대어 의지하며 하나가 되는 모습을 하고 있다며 사람이란 모름지기 이렇게 살아야 온전하게 살 수 있다는 당시로서는 이해하기 어려운 다소 철학적인 이야기를 해 주시곤 하셨다. 현재 글자의 모양만 본다면 그러한 상상이 가능할 수도 있다 싶다.

어쨌든 사람 인人자처럼 우리는 사람과의 관계 속에서 태어났으며, 또한 살아가면서 여러 사람들과 때론 사소한, 때론 거창한 이유들로 인해 수많은 갈등을 경험하면서 살아가고 있다. 그런데 당신은 그런 의견충돌을 어떻게 처리하느냐에 따라 행복감에 젖어 기뻐할 수도 있고 분노나 좌절감에 빠져 슬퍼할 수도 있다는 점을 잘 알고 있다. 바로 그런 갈등의 상황에서 협상이 필요하다. 갈등이 없으면 협상도 필요하지 않다.

이렇게 갈등 상황이 발생한 경우, 당신은 어떻게 대처했는가? 당신과 상대방의 갈등을 해결하는 방법은 첫째 당신의 주장을 관철하는 방법Contending, 둘째 상대방의 주장을 따라가는 방법Yielding, 셋째 당신과 상대방의 주장을 조정하고 절충하는 방법Compromise 등이 있을 수 있다. 그런데 협상이란 쌍방이 모두 승리자가 되는 방향으로 갈등을 해결하는 것이기 때문에, 세 번째 갈등 해결 방법인 조정과 절충이 가장 좋은 협상의 배경이라 할 수 있다.

그렇다면 협상Negotiation, 協商이란 무엇인가?
협상의 사전적 의미는 '어떤 목적에 부합되는 결정을 하기 위하여 여럿이 서로 의논함' 즉, '타결 의사를 가진 당사자 사이에 양방향 의사소통을 통해 상호 만족할 만한 수준으로의 합의에 이르는 과정'이다. 또한 협상의 법칙 저자인 허브 코헨은 협상을 '당신에게 무엇인가를 원하는 상대로부터 당신에 대한 호의 그리고 당신이 원하는 무엇인가를 얻어내는 일'이라 정의하였고, 최정욱은 '나와 상대방이 다른 의견, 다른 생각을 가지고 있을 때 그러한 차이점을 설득, 이해, 타협 등을 통하여 해결하려고 하는 과정'을 협상이라고 했다. 저자는 이것들을 종합하여 협상을 '당신과 상대방이 다른 의견, 다른 생각 등으로 인해 거미줄처럼 얽혀있는 긴장과 대립 속에 있을 때, 당신에게 무엇인가를 원하는 상대로부터, 정보, 시간, 힘을 사용하여, 당신에게 유리한 결과 즉, 당신에 대한 호의와 당신이 원하는 무언가를 얻어내는 일'이라 정의하고자 한다.

협상력의 의미

협상력 분석 기준

전성철과 최철규는 협상력Bargaining Power이란 '상대방의 생각을 바꾸어 나에게 유리한 방향으로 행동하게 만드는 카리스마 넘치는 능력'이라 말한다. 그런데 협상의 정의를 살펴보면, 협상은 정보, 시간, 힘을 이용한다. 이것을 종합하면 협상력 분석이란 '협상 테이블에서 정보와 시간과 힘을 이용하여 누가 유리한 위치를 점하고 있느냐를 파악하는 것'이라 할 수 있다. 즉, 정보, 시간, 힘이 협상력을 분석하는 기준선인 셈이다.

구분	설명
정보	• 당신과 상대방 사이에 누가 더 협상에 필요한 상대방 정보를 많이 가지고 있는가? • 상대방이 무엇을 원하고 무엇이 부족하고 무엇이 약점인지를 아는 것은 협상에 있어서 매우 유리하기 때문에, 당신이 정보를 많이 가지고 있으면 있을수록 당신의 협상력은 커진다.
시간	• 당신과 상대방 사이에 누가 더 협상 준비시간, 협상 마감시간을 많이 가지고 있는가? • 협상을 체계적으로 준비하는 것은 협상 성공의 지름길이기 때문에, 당신이 협상을 준비하는 시간이 많으면 많을수록 당신의 협상력은 커진다. 협상 마감시간도 촉박하면 할수록 협상에서는 불리하다.
힘	• 당신과 상대방 사이에 누가 더 많은 힘을 가지고 있는가? • 힘에는 관행이 갖는 힘, 합법성이 갖는 힘 등이 있다.

정보

남학현은 20여 년의 협상 실무경험을 담아낸 '뛰어난 협상가는 협상하지 않는다'는 책을 통하여 숙련된 협상가는 정보를 전달하는 것보다 수용하는 데 더 집중한다고 주장하면서 경청을 강조했다. 이것은 협상에서 원하는 것에 대한 정보의 중요성을 강조한 것으로 해석된다. 미국 기업에 비즈니스 협상을 하러 간 우리나라 기업의 박부장 사례를 살펴보자.

우리나라 L기업의 박부장은 미국 기업과의 중요한 비즈니스 협상을 위해 인천공항을 출발하여 14시간의 긴 여정 끝에 뉴욕 존 에프

케네디JFK 공항에 도착하였다. 박부장은 도착하자마자 "좀이 쑤시다"며 황급히 비행기 트랩을 걸어 나왔다. 그런데 상대방 회사에서 두 미국인이 박부장을 반갑게 맞이하면서 세관 통과는 물론 마이바흐Maybach차까지 준비하여 박부장을 호텔까지 안내해 주었다. 마이바흐를 이용하여 호텔로 가는 도중 미국인 중 한 사람이 박부장에게 물었다.

"원하신다면 가실 때도 이 차로 모셔다 드릴게요. 언제 본국으로 가시나요?"

박부장은 '친절하고 배려심 많은 사람들인 것 같다'는 느낌에 아무 생각 없이 옷 주머니에서 비행기표를 꺼내 그들에게 주었다. 그러나 박부장은 그것이 현실적으로 무엇을 의미하는지를 가늠하지 못했으며, 그것이 이번 출장의 화근이 될 줄은 더더욱 깨닫지 못했다.

그날 이후 그들은 협상에는 적극적이지 않으면서 관광, 골프, 식사, 여흥 등 이런 저런 계산된 친절을 베풀었다. 시간이 흐를수록 나타나는 박부장의 초조함은 그들에게도 전달되었을 것이다. 그들의 진지한 협상은 박부장의 출국예정일 날이 밝아서야 비로소 시작하였다. 그러나 협상이 중요한 대목에 이르자 박부장을 JFK 공항까지 데려다 줄 마이바흐가 도착하였다. 박부장의 초조함에서 귀국일자를 어기지 않고 빈손으로도 돌아가지 않을 것이라는 확신을 한 그들은 박부장과 함께 도착한 마이바흐를 타고 협상타결의 압력을 가했다. 결국 박부장은 어쩔 수 없이 많은 것을 양보하고 나서야 협상을 마칠 수 있었다. 박부장은 무거운 마음으로 인천공항행 비행기에 몸을 실었다.

시간

"만약 장작을 패는데 쓸 수 있는 시간이 8시간이라면, 나는 그 중 6시간을 도끼날을 가는데 쓸 것이다."

미국 제16대 대통령 링컨이 한 이 말은 무슨 일이든 그 일에 대한 준비의 중요성을 강조한 것이다. 즉, 나무를 잘 베기 위해서는 날카로운 도끼날이 필요하듯이 협상을 잘하기 위해서는 철저한 준비가 필요하다.

한편, 많은 양보는 마감시간 무렵에 가서야 이뤄지기 때문에 가능하다면 협상 마감시간이 가까워질 때까지 협상에서의 마지막 움직임을 보류하는 것이 좋다. 이 또한 협상에서의 시간의 중요성을 강조한 것이다.

다음에 나오는 우리나라 삼성자동차의 매각 사례도 협상에 있어서 마감시간의 중요성이 얼마나 중요한지를 단적으로 보여주는 사례라 할 수 있다.

르노삼성자동차는 우리나라 삼성자동차를 프랑스 자동차회사 르노그룹에 매각하여 2000년 7월에 출범한 회사이다. 당시 매각 협상에서 양측이 가장 첨예하게 대립했던 부분은 매각 이후 흑자 반전 예상시점과 이에 따른 대출조건이었다. 왜냐하면 흑자 예상시점을 멀게 볼수록 채권단의 대출금 탕감 및 이자유예 규모가 더 커지는 구조였기 때문이다. 당시 르노그룹은 매각 후 5년이 지나야 삼성자동차가 연산 50만 대로 손익분기점을 넘길 것으로 주장한 반면 채권단 측은 2, 3년 만에 흑자가 날 것이라고 맞섰다.

그러나 정부가 2000년 4월 총선 전까지 매각 협상을 조기에 끝낼 것을 요구했다. 따라서 파는 쪽이 급하다 보니 사는 쪽이 협상주도권을 쥐게 되었고, 매각 조건을 둘러싼 줄다리기는 르노 측에 유리한 방향으로 끌려갈 수밖에 없었다.

결국 르노그룹 측 주장대로 매각 조건이 결정됐다. 하지만 실제 뚜껑을 열어 보니 삼성자동차는 2년 만인 2002년에 영업이익을 냈다.

힘

다음 사례를 살펴보자.

아빠 붐이 낮에 고된 직장생활로 늦은 저녁에야 파김치가 되어 집에 돌아왔는데, 아내인 미은이와 두 아이 하나, 두리의 얼굴이 모두 시뻘겋게 달아올라 있는 걸 보니 집안 분위기가 영 불편해 보였다.
아빠 붐: "왜 그래? 무슨 일 있어?"

아내 미은: "여보! 오늘 얘들이 태권도 심사 보고 와서 고생했다고 피자를 시켜줬는데, 남은 피자 한쪽을 놓고 서로 자기가 먹겠다고 싸우고 있잖아요 글쎄!"

이것을 가장 공정하게 나눠 가질 수 있는 방법이 무엇일까? 피자의 중심을 찾아 정교하게 자를 수 있을까? 가장 간단한 방법은 한 아이가 피자를 자르고 다른 한 아이가 피자를 선택하게 하는 것이다. 그렇게 하면 어느 누구도 상대방을 탓할 수 없을 것이다. 이것이 바로 공정한 절차가 갖는 힘이다.

협상에서는 위 사례에서 말하는 공정한 절차가 갖는 힘 이외에도 다른 힘들이 많이 존재한다. 다음 표는 세계 최고 협상 전략가인 허브 코헨의 저서 《협상의 법칙 I》에서 협상에서의 힘에 대한 내용 중 일부를 요약한 것이다.

협상에서 힘의 종류

구분	설명
경쟁의 힘	물리적 상품뿐만 아니라 개념적 생각도 경쟁을 유발하면 그 가치가 올라간다. 이것을 거꾸로 생각하면 선택사항이 없는 상태에서는 협상을 하지 말라는 의미이다
합법성의 힘	대부분의 사람들은 인쇄된 문구나 서류, 표지 등에 대하여 이의를 제기하는 경우가 드물다. 이것은 협상에서 합법성이 당신에게 유리하다고 생각되면 그 합법성을 이용하고, 반대의 상황이라면 그 합법성에 이의를 제기하라는 의미이다.
위험	큰 내기에는 늘 위험이 따른다. 그러나 그 위험이 다른

감수에서 얻는 힘	사람들과 나눌 수 있어서 당신이 감당할 수 있을 만큼만 남아 있다면 당신은 기꺼이 용기를 감수하려 할 것이다. 이것은 당신이 협상을 할 때 자존심이나 성급함이 아닌 이성적이고 계산된 모험을 하라는 것을 의미한다.
동참에서 얻는 힘	사람들은 스스로 원해서 시작한 일은 끝까지 지원한다. 협상에서도 당신이 계획과 결정과정에 다른 사람들을 참여할 수 있게 하면, 참여자들도 위험의 일부분을 갖게 되기 때문에 좋을 것이다.
전문지식의 힘	대부분의 사람들은 전문가들의 말에 이의를 제기하지 않는다. 이것은 협상 전에 당신은 협상의 내용을 열심히 공부해야 하며, 협상 중에 당신은 상대 측의 전문가에게 지나치게 감명 받지 말고 오히려 상대방이 협상내용의 어떤 면에서는 전문지식이 부족하다는 것을 느끼도록 하라는 것을 의미한다.
욕구의 지식이 갖는 힘	상대방이 주장하지 않은 욕구를 충족시켜 주는 것은 협상 성공의 지름길이다.
투자의 힘	상대방이 많은 투자를 한 상황에서는 최후통첩이 효과를 볼 수 있다. 이것은 협상에서 어려운 안건은 상대방이 이미 많은 시간과 힘 등을 투자한 다음에 논의하는 것이 효과적이라는 것을 의미한다.
동일시의 힘	사람들은 한 백화점 안에서도 특정 매장에서만 옷을 사고, 특정 카센터에서만 자동차를 수리한다. 그 이유가 품질이나 가격 때문일 수도 있지만, 당신이 거기서 만나는 사람과 당신을 어느 정도 동일시하는가에 달려있을 수도 있다. 이것은 협상에서 당신이 상대방을 당신과 동일하게 느끼게 하면, 협상에 긍정적인 영향을 미칠 것이라는 것을 의미한다.
선례의 힘	당신이 현재와 유사한 다른 상황을 언급하고 거기서 상대방이 어떻게 원하던 결과를 얻었는지를 말하는 것은 당신의 요구사항을 정당화시키는 하나의 방법이다.

협상의 핵심개념

주장과 욕구

빙산의 일각

때로는 눈에 보이는 것보다 보이지 않는 것이 훨씬 클 때가 있다.

보이는 것보다 중요한 보이지 않는 것들을 발견하게 될 때가 있다.

그런 것들을 하나씩 발견할 때마다 생각한다.

보이는 걸로 단정짓지 말아야지.

가장 중요한 건 아직 보지 못했을 수도 있어.

최검사chys9785 네이버 블로그에 실린 글의 일부이다. 이 글처럼 겉으로 드러나는 주장Position은 빙산의 일각에 불과하고 나머지 빙산의 구각은 내재되어 있는 욕구Interest인 경우가 많다.

요구와 욕구의 개념

그러나 세상에는 겉으로 드러나는 것이 진실이 아닌 경우도 있다. 그래서 겉으로 드러나는 것에만 집중하다 보면 정작 중요한 상대방의 욕구는 놓칠 수 있다. 다음 사례를 생각해 보자.

한여름 낮에 한 등산객이 북한산 정상에 올라가서 맑은 공기를 마시고 나서 땀을 뻘뻘 흘리며 하산하던 중, 산 중턱에서 막걸리를 파는 할머니를 만났다. 그 등산객은 기쁜 마음에 한걸음에 달려가서 "막걸리 한 사발 주세요"라고 했다. 여기서 막걸리를 달라고 하는 것은 등산객의 주장이다. 그런데 마침 막걸리가 다 떨어졌는데 할머니는 등산객의 주장에만 집중해서 "지금 막걸리가 없는데"라고 말하면 거래는 거기서 끝이다.

하지만 이 상황에서 '등산객이 진정으로 원한 것은 과연 무엇일까?'를 생각해 보자. 왜 막걸리 한 사발을 달라고 한 것일까? 아마도 땀을 많이 흘려 생긴 갈증을 해소하기 위해서 달라고 한 것은 아닐까? 그렇다면 '막걸리 한 사발 주세요'라고 한 말의 속뜻은 '목이 말라요'라는 욕구가 숨어있는 것이다. 결국 주장의 이면에는 숨어 있는 욕구가 있을 수 있고 그러한 내재된 욕구를 찾아내는 것이 성공적인 협상의 지름길이다. 위의 사례에 욕구라는 개념을 적용해 본다면, 할머니는 "지금 막걸리가 없는데"라는 말에 덧붙여서 "하지만 시원한 생수는 있는데 생수는 어떻수?"라는 말로 그 등산객의 욕구를 자극해야 한다. 아마도 등산객은 생수로도 갈증을 어느 정도 해소할 수 있기 때문에 기꺼이 받아들일 확률이 높다. 그렇게 하면 등산객은 생수를 마시면서 갈증을 해소할 수 있어서 좋고 할머니는 생수를 팔아서 돈을 버니 좋은 것이다.

우리는 또한 위 사례를 통하여 상대방이 진정으로 원하는 것을 알아내는 도구 중 하나가 질문임을 배울 수 있다.

배트나

로저 피셔Roger Fisher와 윌리엄 유리William Ury가 만든 개념인 배트나 BATNA : Best Alternative To Negotiated Agreement는 '협상이 결렬되었을 때 대신 취할 수 있는 최선의 대안'이다. 배트나를 아는 것은 협상에서 합의 실패 이후에 무엇을 해야 할지를 알고 있다는 의미이다. 그러나 이 배트나는 주어지는 것이 아니라 스스로 만드는 것이다. 다음 사례를 살펴보자.

2002년 7월 서울시는 먼지 날리는 콘크리트 고가도로를 철거하고 청계천을 복원하겠다는 계획을 발표하였다. 그러나 6만 5천여 개 점포, 20여 만 명의 상인들은 상권소멸, 교통대란, 홍수 위험 등을 내세워 조직적으로 반발하였다. 이것은 서울시가 추진하고 있는 청계천 복원사업의 최대 난관이었다. 서울시는 상인들에게 황학동 만물시장과 문정동 물류단지 등에 점포를 내주겠다는 등의 유인책을 제시했다. 하지만 상인들은 10조원에 이르는 영업손실 보상금만 요구하며 버텼다.

양측 입장이 좀처럼 좁혀지지 않자 서울시는 노후한 청계고가를 안전이 우려된다며 2년간 보수하겠다는 비장의 카드를 꺼냈다. 그리되면 상인들은 생업이 불가능해진다. 결국 협상은 서울시가 원하는 대로 타결되었다. 서울시는 고작 2년 3개월 만인 2005년 10월에 청계천에 맑은 물을 흐르게 하는데 성공했다.

협상에서 배트나의 유무는 위 사례에서 보는 바와 같이 중요하다. 따라서 당신이 좋은 배트나를 가지고 있으면 결정적인 순간에 배트나를 상대방에게 알려서 상대방의 배트나를 약화시킬 필요가 있다. 여기서 당신의 배트나가 상대방보다 좋다는 것은 당신이 상대방의 배트나를 파악한 후, 당신의 배트나를 개선하든지 하여 비교 우위에 있다는 것을 확인했다는 것을 의미한다.
그러나 선무당이 사람 잡는 꼴이 되지 않으려면, 당신은 협상 상황에 맞게 당신의 배트나를 상대방에게 알리는 기술이 필요하다. 다음 사례를 살펴보자.

남녀가 연애를 하는데 여성이 자신과 절친한 친구를 통하여 상대 남성에게 좋은 조건의 다른 남성과의 만남 가능성을 은근슬쩍 흘려준다면 상대 남성은 안달이 날 것이다. 하지만 여성이 상대 남성에게 단도직입적으로 말한다면 두 사람 사이에 감정의 골만 커져서 급기야 헤어질지도 모른다.

좋은 배트나를 갖는다는 것은 반 이상 이긴 상태에서 협상 테이블에 앉는 것을 의미하지만, 이것은 어디까지나 배트나를 올바르게 활용한다는 전제가 따른다. 즉, 배트나는 제삼자의 힘을 이용하여 은근슬쩍 흘려주면서 더불어 당신은 상대방과 꼭 협상을 타결하고 싶다는 뜻을 적극적으로 밝혀주는 것이 중요하다 하겠다.

한편, 당신의 배트나가 좋지 않다면 당신의 배트나를 끊임없이 개선해 나가는 노력이 필요하다. 다음 사례를 살펴보자.

1996년에 세계 2위의 할인점 체인인 프랑스의 까르푸가 우라나라에 진출하였다. 그러나 한국까르푸는 그 명성에 걸맞지 않게 이마트, 홈플러스, 롯데마트 등에 계속해서 밀리면서 고전하고 있었다. 급기야 한국까르푸는 우리나라 시장에서 철수하기 위하여 2005년에 롯데마트 측과 물밑 협상을 추진하였다. 그러나 고전을 면치 못하던 한국까르푸의 행보는 업계의 예상과는 달랐다. 한국까르푸는 2005년 3월에 27개였던 점포수를 매각시점인 2006년에 32개까지 늘렸던 것이다.

어려운 상황에 처해있던 한국까르푸는 왜 점포수를 늘렸을까? 그것은 바로 수세에 있던 한국까르푸가 매각 협상에서 배트나를 개선함으로써 협상력을 높이고자 했던 것이다. 즉, 롯데마트가 한국까르푸와 합병하였을 경우 이마트의 1위 자리를 위협할 수 있는 수준까지 점포수를 늘려서 한국까르푸의 가치를 높였던 것이다.

ZOPAZone Of Possible Agreement는 '협상 당사자들이 모두 만족할 수 있는 거래가 가능한 범위나 영역'을 말한다. 판매자와 구매자를 예로 든다면, 판매자의 최저 하한선과 구매자의 최고 상한선 사이에 겹치는 범위가 있다면 그 영역이 바로 ZOPA다.

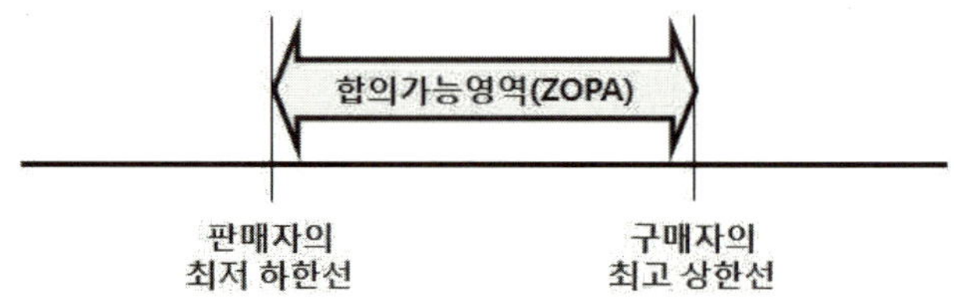

합의 가능 영역ZOPA

여기서 거래를 수용할 수 있는 최저 한계점은 유보가격Reservation Price 또는 협상포기한계선Walk-Away이라고 표현하기도 하는데, 실제 협상에서 상대방의 협상포기한계선을 파악하는 것은 쉬운 일이 아니다.

한편, 교환가치는 나와 상대가 특정한 내용에 대해 생각하는 중요도가 다르기 때문에 생기는 가치이다. 예컨대 구매자인 나는 대금 지불을 현금으로 하는 것은 크게 문제되지 않지만, 갑작스레 발생한 수요를 맞추기 위해 납기를 당겨야만 한다. 반면 나의 협상 상대인 판매자는 밤샘 작업을 통해서라도 납기를 맞추는 것은 문제되지 않지만, 이달 말까지 현금이 꼭 필요한 상황이다. 이때는 서로 중요하게 생각하는 가치가 다르기 때문에 서로에게 유리한 조건으로 협상을 타결할 수 있다.

이 방식은 협상 안건이 많으면 많을수록 더 효과적이다. 양측이 다른 가치를 매기는 안건들이 많을수록 교환할 수 있는 가치들도 많아지고, 결국 양측 모두 만족할 만한 결과를 얻어내는 방법도 늘어난다.

이처럼 교환가치를 활용해 협상을 진행하는 기법을 협상학에서는 '바기닝 믹스Bargaining Mix'라고 한다. 협상 테이블에서 오고 가는 많은 안건을 섞어서, 서로가 중요하게 생각하는 것은 취하고 덜 중요하게 생각하는 것은 양보해 협상 전체 파이의 크기를 키우는 방법이다.

창조적 대안

맹자는 전설적인 성인 하우, 후직 그리고 공자의 제자 안회의 생활 방식을 통하여 다음과 같이 말씀하셨다.

"하우夏禹와 후직后稷과 안회顔回는 같은 뜻을 가졌는데, 하우는 물에 빠진 백성이 있으면 자신이 치수를 못해서 그들을 빠지게 하였다고 여겼다. 후직은 굶주리는 사람이 있으면 자신이 일을 못해서 백성을 굶주리게 하였다고 생각했다. 하우와 후직과 안회는 처지를 바꿔도 모두 그렇게 했을 것이다禹稷顔子·易地則皆然."

입장을 바꾸어 다른 사람의 처지에서 헤아려보는 것이 사람이 가야 할 길이라는 의미이다. 이것은 역지사지易地思之라는 사자성어로 오늘날까지 널리 회자膾炙되고 있다. 다음 그림을 보고 역지사지의 본질을 이해하여 보자.

아가씨와 노파

당신은 위의 그림이 무엇으로 보이는가? 자세히 보는 것과 얼핏 보는 것이 다를 수 있겠지만 매부리코에 입이 좀 심술궂게 생기고 턱이 좀 긴데 나이가 많아서인지 눈이 좀 찌푸려져 있게 보인다면 마귀할멈이란 생각이 들 수도 있다. 아니면 긴 속눈썹과 코가 살짝 보이고 예쁜 턱이 있고 목걸이도 보인다면 예쁜 아가씨의 옆 모습이라 생각할 수도 있다. 어떤 것이 옳은가? 답은 "두 가지가 다 옳다"이다. 결국 협상의 출발점은 기본적으로 상대방과 당신이 다르

196

게 생각할 수 있다는 점이다. 이것은 누구는 옳고 누구는 그르다는 것을 뜻하는 것이 아니라 당신과 상대방이 다르다는 것을 의미하는 것이다. 그래서 협상이란 당신과 상대방이 서로 다른 부분을 조정해 나간다는 관점을 기본으로 하고 있다.

일상생활 중에 발생하는 협상에서도 이러한 역지사지의 사고는 유용하다. 다음 사례를 살펴보자.

김봉두 선생님 : "아 왜들 싸우세요?"
남진 아버지 : "아 선생님요. 아 글쎄 내가 저 하우스에 물 좀 뿌리려고 이 호스를 길게 빼놓기만 하면은. 아 이 자식이 경운기로 맨날 밟고 지나가는 통에 호스가 찢어져 가지고. 아 이거 보세유. 이거!"
장성만 아버지 : "아 선생님요. 내 당장 장에 내다 팔게 있는데 이것 때문에 담에 가란 말야!"
김봉두 선생님 : "아 잠깐만요. 제 얘기 좀 들어보세요. 제 얘기 좀. 아 그러니까, 남진이 아버님은 하우스에 물을 대야 하니까 호스를 여기다 놔야 되고, 성만이 아버님은 경운기가 꼭 이 길로 지나가야 된다는 말씀이잖아요? 그거만 해결되면 된다는 거잖아요!"
남진 아버지, 장성만 아버지 : "아 그렇지!"

김봉두 선생님은 바로 삽을 들고 땅을 파서 호스를 묻고 흙으로 덮는다.

이 상황은 2003년 개봉한 영화 '선생 김봉두'에 나오는 장면 중에서 봉투 사건으로 서울에 있는 잘나가는 초등학교에서 휴대폰도 터지지 않고 외제담배는 커녕 국산담배도 구할 수 없는 오지의 시골분교로 쫓겨난 김봉두 선생님이 괴팍스러운 최노인에게 글을 가르치느라 고생하는 교실에서 벗어날 수 있었던 시골길에서의 두 학부형의 싸움 현장을 묘사한 것이다.

김선생님은 '지나가지 마라'는 남진 아버지와 '지나가야 한다'는 장성만 아버지의 첨예한 대립각을 세운 주장보다는 '왜 길을 가지 말라고 하는지, 왜 지나가려고 하는지'에 대한 쌍방의 욕구를 확인했다. 그리고 나서 남진 아버지는 비닐하우스에 물을 댈 수 있고 더불어 성만이 아버지는 경운기로 그 길을 지나 장에 갈 수 있도록 호스를 땅에 묻는 대안을 내놓았다. 이와 같이 양쪽 모두를 만족시킬 수 있는 대안을 협상에서는 창조적 대안Creative Option이라 부른다. 이상의 결과를 정리하면 다음 표와 같다.

협상 준비사항 점검표

구분	남진 아버지	장성만 아버지
주장	지나가지 마라	지나가겠다
욕구	비닐하우스에 물을 대야 한다	장에 내다 팔아야 한다
창조적 대안	호스를 땅에 묻어 흙으로 덮는다	

이러한 역지사지의 사고가 일상생활뿐만 아니라 조직에서도 매우 중요하다는 것은 GS칼텍스 허동수 회장이 2010년 3월 20일자 사보에 실은 최고경영자 메시지만 봐도 알 수 있을 것이다.

'먼저 상대방의 처지나 입장에서 상대방의 눈높이로 생각해 보고 이해의 폭을 넓히는 역지사지는 사고를 획기적으로 전환할 수 있으며 이를 통해 새로운 창조적 대안이 도출될 수 있다'

이 메시지는 고객이 무엇을 생각하고 있는지, 무엇을 원하고 있는지를 시장보다 한 발 먼저 알 수 있어야 바른 의사결정을 내릴 수 있다는 의미를 담고 있다.

협상 안건 순서

협상 테이블에는 통상적으로 2개 이상의 안건이 올라온다. 그렇다면 어려운 안건부터 공략하는 것이 좋을까? 아니면 쉬운 안건부터 공략하는 것이 좋을까?

어떤 사람들은 까다롭고 중요한 이슈가 풀리면 나머지는 일사천리로 진행되기 때문에 가장 합의하기 어려운 안건부터 다루는 것이 좋다고 주장하고, 또 다른 사람들은 협상 시작부터 삐걱거리지 않도록 서로 쉽게 동의할 수 있는 안건부터 먼저 매듭짓는 것이 유리하다고 말한다.

하지만 협상에서는 쉬운 것을 먼저 풀고 어려운 것은 나중에 풀자는 선이후난先易後難식 전략이 효과적이다. 왜냐하면 밖에서부터 힘을 받지 않으면 물체는 정지 또는 등속도 운동 상태를 계속한다는 관성의 법칙the law of inertia처럼 우리의 두뇌도 큰 고민 없이 "예"라고 대답할 수 있는 질문을 계속 받으면 "예"라는 단어와 친해져서 "예"인지 "아니오"인지 고민되는 질문에서도 "예"라는 대답을 할 확률이 높기 때문이다. 그래서 협상 순서를 정할 때는 쉽게 타결할 수 있는 안건을 앞에 놓는 것이 좋다.

1. ________________은 당신과 상대방의 갈등 상황을 해결하는데 가장 좋은 협상의 배경이다.

2. 나와 상대방이 다른 의견, 다른 생각을 가지고 있을 때 그러한 차이점을 설득, 이해, 타협 등을 통하여 해결하려고 하는 과정은 ____________이라 하고, 상대방의 생각을 바꾸어 나에게 유리한 방향으로 행동하게 만드는 카리스마 넘치는 능력을 ____________이라 한다.

3. 협상력 분석 기준은 __________, __________, __________이다.

4. ________________의 힘이란 당신이 현재와 유사한 다른 상황을 언급하고 거기서 상대방이 어떻게 원하던 결과를 얻었는지를 말하는 것이다.

5. 두 개 이상의 안건이 올라오는 협상 테이블에서는 일반적으로
   _____________ 안건부터 공략하는 것이 좋다.

6. 협상에서는 겉으로 드러나는 것을 _______________이라 하고,
   내재되어 있는 것을 _____________라 하는데, 전자 뒤에 숨겨
   진 후자를 파악하는 것은 매우 중요하다.

7. _____________는 협상이 결렬되었을 때 대신 취할 수 있는 최
   선의 대안이다.

'2부 불법은 죄일까?'를 마치며

불법은 유죄이지만 불법 생각은 무죄이다.

《잡스처럼 꿈꾸고 게이츠처럼 이뤄라》는 어느 책의 제목처럼 잡스는 온갖 불법 생각들을 실제 현실화시켰다. 스티브 잡스는 그 과정에서 우리에겐 잘 알려지지 않았던 협상이나 공급망관리 같은 도구들을 잘 사용했다.

당신의 머릿속에 꽉 틀어박힌 고정관념을 철저하게 깨뜨리는 불법 생각들은 당신을 세상의 중심으로 안내할 것이다.

2부를 끝내며 한마디, '불법 생각은 꽉 막힌 아이디어를 돌파하는 힘이다!'

Part 3

공대가면 바보일까?

이젠 인터넷 블로그나 카페에서 "슬픈 공대 이야기", "공대를 왜 가나. 21세기형 노예생활이 탐나서? 공대가면 바보다", "여러분 공대가면 안됩니다" 등의 제목은 쉽게 발견할 수 있다.

이번에 여러분이 만나게 될 기업은 구글이다. 구글의 창업자인 래리 페이지와 세르게이 브린은 모두 미국 스탠퍼드대학교 대학원에서 컴퓨터과학을 전공했다. 그럼 래리 페이지와 세르게이 브린도 바보였을까?

 구글 사례

나의 구글 매니아 지수는 몇 점?

구글은 보고서 준비나 여행 준비할 때만 사용해서 걱정된다고요? 걱정하지 마세요. 책장을 넘기면 재미있는 구글의 성공 스토리가 흘러나오니까요. 구글의 성공 이야기를 읽다 보면 복잡한 비즈니스 세상 속에 흐르는 핵심 개념이 머리에 쏙쏙 들어와 쉽게 이해할 수 있어요.

먼저, 당신의 구글 매니아 지수부터 알아볼까요?

질문 1. 1995년에 스탠퍼드대학교 대학원 컴퓨터공학과에 입학한 래리 페이지에게 논문주제로 월드와이드웹을 조언한 인간과 컴퓨터 상호작용 분야의 대가는 누구인가?

질문 2. 구글의 창업 자금이 된(앞면에 'google Inc'라고 쓴) 10만 달러의 수표를 건낸 사람은 누구인가?

질문 3. 투자가가 엘리베이터를 타고 있는 짧은 시간에 사업 계획을 간단하게 설명하는 것을 뜻하는 용어는 무엇인가?

질문 4. 구글 본사를 부르는 다른 용어는 무엇인가?

질문 5. 구글의 경영철학을 한마디로 표현한다면?

답

---

1. 테리 위노그래드Terry Winograd
2. 앤디 벡톨샤임Andy Bechtolsheim
3. 엘리베이터 피치Elevator Pitch
4. 구글플렉스Googleplex
5. 악해지지 말라Don't be evil

인터넷은 정보를 제공하고 구글은 정보를 가져다 준다

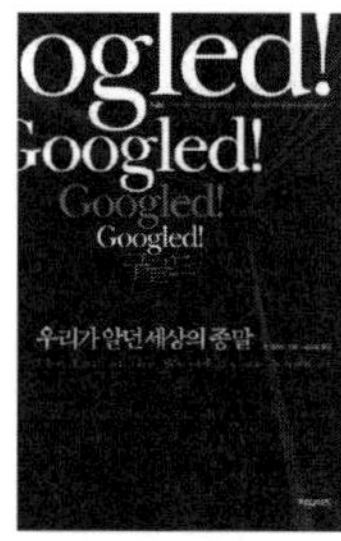

도서명 : 구글드–우리가 알던 세상의 종말
지은이 : 켄 올레타(김우열 옮김)
출판사 : 타임비즈

책 제목이기도 한 구글드는 '구글 되다', '구글 당하다' 혹은 '구글이 만들어낸 가공할 변화' 등을 의미하는 용어이다. 우리는 구글 하면 검색엔진이나 일하기 좋은 회사 정도로 생각한다. 그런데 이 책은 구글이 어떻게 그렇게 짧은 기간 동안에 막강한 입지를 굳힐 수 있었는지를 구글 내 외부 관련자들과의 심층 인터뷰를 통하여 유려한 문체로 풀어 나간다.

《구글드》에서 켄 올레타Ken Auletta는 구글이 전 세계에 흩어져 있는 데이터센터를 통해 지금도 4시간마다 국회도서관 분량의 정보를 수집하여 세상을 변화시키고 있음을 예를 들어 설명하고 있다. 그 이야기에 빠져들다 보면 당신은 '우리가 알던 세상의 종말'에 대해 얼마나 알고 있나?'라는 의문이 생길지도 모른다.
이 책은 내가 그렇게 오랜 시간을 구글과 함께 하면서 알았던 구글에 대한 것들을 수박의 겉껍질 정도로 치부해 버린다.

구글의 몰락을 가늠해보다

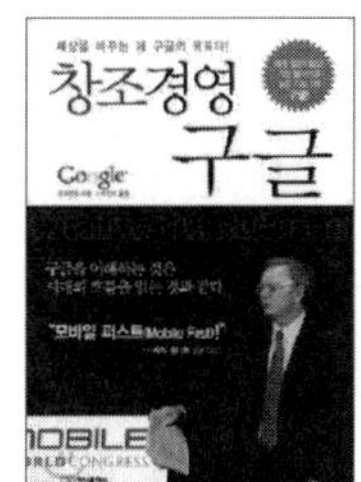

도서명 : 창조경영 구글
지은이 : 장유엔창(하진이 옮김)
출판사 : 머니플러스

《창조경영 구글》에서 장유엔창은 구글에 대한 이야기를 다음과 같은 순서로 풀어나간다.

- 구글의 지속적인 성장 비밀을 파헤쳤다
- 구글 차이나는 누구에게 기회를 주었는가?
- 구글은 마이크로소프트를 사지로 몰고 갈 최후의 도전자인가?
- 구글의 몰락을 가늠해 보았다

장유엔창은 구글이 반反상업적인 경영철학과 전통적인 인습을 거부하는 창조적인 사고방식을 바탕으로 인터넷 산업의 선두주자로 부상하였다고 설명하고 있다. 그러나 구글의 미래에 대한 장유엔창의 시각은 다소 시니컬하다. 나는 이 책이 인터넷 기업 사례 조사에 대한 가이드라인을 제시하고 있다고 생각한다.

플톡님의 업무 파트너, 구글

아래 내용은 플톡의 블로그pletalk.com 생각 창고 카테고리에 있는 '나의 업무 파트너, 구글google'이라는 글http://startup.textcube.com/73이다. 구글 서비스를 업무에 활용하고 있는 플톡님의 하루 직장생활을 엿보기로 하자.

저의 일상은 구글로부터 시작됩니다. 아침에 회사에 출근하면 회사 메일을 체크하고 다음으로 구글 메일을 체크합니다. G메일은 새로운 웹 서비스 가입을 위해서 사용하기 때문에 지금까지 가입한 웹 서비스들의 최근 소식을 G메일을 통해서 매일매일 확인할 수 있습니다. 관심있는 내용이라면 직접 해당 웹 서비스에 로그인하여 새로운 features나 업데이트 내용을 바로 확인하지요.

메일 확인을 마치면, 오전 중으로 국내외의 IT소식들을 리뷰합니다. 네이버 "뉴스"란의 IT소식 파트의 전체뉴스 메뉴를 클릭하여 그 날의 IT뉴스 전체를 살펴봅니다. 내용 중에서 다시 볼 필요가 있거나 스크랩이 필요한 경우 구글 Notebook을 활용합니다. 웹 브라우져 플러그인으로 제공되는 구글 Notebook의 어플리케이션을 PC에 설치하면 웹브라우저에서 편리하게 웹 페이지를 북마크할 수 있습니다. 이 기능을 사용하여 필요한 모든 뉴스들을 손쉽게 북마크하고 업무 중 여유있는 시간에 북마크 내용들을 살펴보면서 내용을 정리합니다.

일정관리는 회사의 outlook을 사용하기 때문에 대부분의 할일 관리는 outlook을 사용합니다. 개인적인 할 일들에 한해서 별도로 구글 캘린더를 활용합니다. 기념일이나 해야 할 일들을 일자 별로 기억하기 위한 reminder용으로 사용합니다.

외부의 미팅이 있을 때 지리나 장소를 모르는 경우에도 구글의 도움을 받습니다. 네이버의 지역에서 지도를 설정한 후 가야 할 곳을 알아둡니다. 그래픽 형태의 지도보다는 실사 지도가 좀 더 가야 할 곳을 잘 파악할 수 있는지라, 구글의 map이나 earth를 활용하여 갈 곳의 위치를 실제로 확인합니다(정확한 곳은 알 수 없지만, 그림지도와 실사지도는 모르는 곳을 찾는다면 실사지도가 훨씬 도움이 되지요).

근간에 오픈된 구글의 web trends 서비스는 개인적으로 매우 잘 활용하고 있는 서비스입니다. 사이트뿐만이 아니라 웹 전반의 트랜드 위치를 위해서 매우 편리한 검색기능을 제공하고 있기 때문에 시시각각 변화하는 웹 세상의 트랜드를 가장 빨리 파악할 수 있다는 점에서 업무와 관련하여 가장 유용한 도구로 활용하고 있습니다.

마지막으로 구글 서비스에서 가장 많이 사용하고 어플리케이션은 구글Docs입니다. 업무 문서의 대부분은 마이크로소프트사의 오피스 2007을 사용하여 작성하고 있지만, 아이디어 스케치, 블로그 draft등은 구글Docs를 대부분 활용합니다. 구글Docs는 문서의 포맷이 아닌 문서의 내용 자체에 집중하여 문서를 작성할 수 있다는 것이 큰 장점입니다. 마이크로소프트사의 오피스에 견줄 수준은 아니지만 웹을 통해 글을 작성하고 편집하고 게시하는데 있어서 편의성이 매우 높아 잘 활용하고 있네요.

언젠가부터 하루 업무의 상당 부분을 구글과 함께 하고 있다는 것을 알았을 때, 내심 놀랐습니다. 이 많은 서비스들을 유료로 사용한다면 상당한 수준의 비용 부담이 되겠지만 여전히 무료로 사용할 수 있어서 다행이네요.^^ 하나의 서비스에 많은 부분들을 의지하다 보면 lock-in되어 다른 서비스로 이탈하기 어렵다는 것을 알고는 있지만 아직까지 lock-in을 넘어설 서비스가 없는 관계로 당분간 구글 서비스로의 lock-in은 지속될 것 같습니다.

구글이란?

1973년 3월에 미국에서 태어났으며 수줍음이 많고 잡담보다는 모니터를 응시하는 것을 더 편해 하며 사려 깊고 섬세하지만 시간 낭비를 참지 못하는 성격의 래리 페이지Lawrence "Larry" Page와 같은 해 8월 러시아에서 태어났으나 6살 때 미국으로 이민 온 창의적이고 실험정신이 강하지만 시끄럽고 엉터리 배우 같은 느낌을 주는 세르게이 브린Sergey Mikhaylovich Brin이 1998년에 공동 창업한 검색엔진 기반 인터넷 기업이 바로 구글이다.

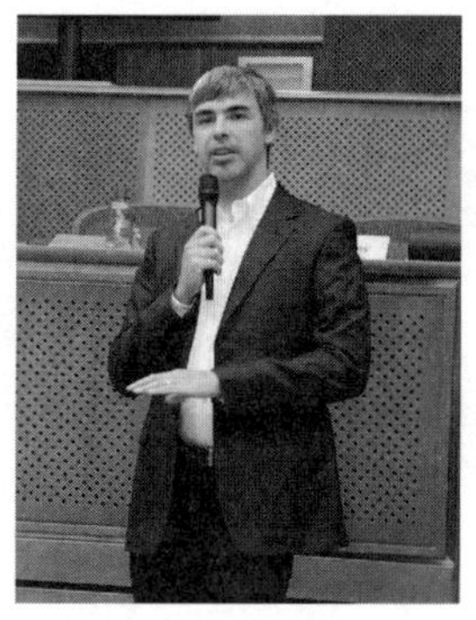

자료원 :
　http://en.wikipedia.org/wiki/File:Larry_Page_in_the_European_Parliament,_17.06.
　2009.jpg
　http://en.wikipedia.org/wiki/File:Sergey_on_China.jpg

구글 창업자 세르게이 브린(2010년 모습)과 래리 페이지(2009년 모습)

구글이라는 이름은 '엄청난 규모의 데이터를 검색한다'는 래리 페이지와 세르게이 브린의 목표와 맞아 떨어진 10의 100제곱을 뜻하는 수학적 이름인 '구골Googol'에서 유래되었다. 원래 래리 페이지와 세르게이 브린은 웹사이트의 이름을 구골로 하고 싶었다. 그러나 구골이 이미 등록된 도메인네임이라서 고민하다가, 앤디 벡톨샤임 Andy Bechtolsheim이 10만 달러의 수표 앞에다 쓴 'google Inc'가 생각나서 구글로 도메인네임을 등록했다는 작명에 얽힌 에피소드가 있다. '구글플렉스Googleplex'라고 불리는 구글 본사는 실리콘밸리로 알려진 미국 캘리포니아California주 산타 클라라Santa Clara카운티 마운틴뷰 Mountain View시의 앰피시어터 파크웨이Amphitheatre Parkway 1600번지에 위치하고 있으며, 현재 20여 개 건물에 7,000명의 직원이 상주하고 있다.

자료원 :
  http://gartzz1.blogspot.com/2006/11/blog-post_5088.html(http://farm1.static.flickr.com/122/299367601_5c68965dd9.jpg)
  http://segyewa.com/620 (http://segyewa.com/attach/1/1053838913.jpg)

구글 본사(왼쪽 2006년 11월 모습, 오른쪽 2009년 11월 모습)

이제 구글은 전 세계적으로 가장 인기 있는 검색 엔진으로 현재 나스닥에 상장된 기업으로 성장하였다. 특히 영어를 사용하는 나라에서는 독보적인 점유율을 보이고 있다.

구글의 역사

래리 페이지는 1973년 3월 26일에 미국 미시간주의 이스트 랜싱East Lansing에서 태어났다. 래리 페이지의 아버지는 미시간 주립 대학교 Michigan State University 교수였고 주로 컴퓨터공학Computer Science과 인공 지능AI: Artificial Intelligence을 연구하였다.

래리 페이지는 미시간 대학교University of Michigan에서 컴퓨터 공학 Computer Engineering을 공부해서 학사학위를 취득하였다. 이후 스탠퍼 드 대학교Stanford University 대학원으로 학교를 옮겨 컴퓨터과학 Computer Science을 공부했다. 그래서 석사학위를 취득하였고, 곧바로 박사학위 과정에도 들어갔다

세르게이 브린은 1973년 8월에 구소련의 모스크바에 있는 유태인 가정에서 태어났다. 그러나 구소련 정부가 유태인에게 인종차별 정 책을 펴자 그의 부모는 세르게이 브린이 6살 때인 1979년에 미국 이민을 감행했다. 미국으로 온 세르게이 브린의 아버지 미하엘은 메릴랜드대학교University of Maryland에서 수학과 교수로 활동하였고, 그의 어머니도 미국 항공 우주국National Aeronautics and Space Administration: NASA의 연구원으로 메릴랜드에 있는 고다르 우주 비행 센터Goddard Space Flight Center에서 일했다.

세르게이 브린은 아버지가 재직하고 있던 메릴랜드대학교에 들어가
서 수학과 컴퓨터공학을 복수 전공하였고 수석으로 졸업하였다.
1993년 5월에 학사학위를 취득한 세르게이 브린은 학교를 스탠퍼드
대학교 대학원으로 바꿔서 컴퓨터과학을 공부했다. 그래서 1995년
에 석사학위를 취득하였고 계속해서 박사학위 과정에도 들어갔다.

래리 페이지와 세르게이 브린의 만남

래리 페이지는 1995년에 스탠퍼드대학교 대학원 컴퓨터과학과에
입학하였다. 세르게이 브린은 그 당시 이미 재학 중이었으므로, 학
번으로만 본다면 세르게이 브린이 선배인 셈이다. 래리 페이지는
입학 후에 인간과 컴퓨터 상호작용을 연구하는 테리 위노그래드
Terry Winograd 교수의 지도로 월드와이드웹을 논문 주제로 정하고 디
지털 도서관 프로젝트DLP: Digital Libraries Project를 수행하였다. 반면 세
르게이 브린은 방대한 데이터로부터 숨겨져 있는 유용한 상관관계
를 찾아내서 의사 결정에 이용하는 데이터마이닝Data Mining을 연구
하는 인도출신의 라지브 모트와니 교수와 함께 마이다스MIDAS: Mining
Data At Standford라는 이름의 프로젝트를 진행하였다. 래리 페이지와
세르게이 브린은 프로젝트도 달랐지만 사소한 대화에서도 의견 충
돌이 많아서 처음에는 친한 사이가 아니었다.

자료원 : http://en.wikipedia.org/wiki/File:WinogradSkeleton.jpg
http://www.etnews.co.kr/news/detail.html?id=200906080234

테리 위노그래드 교수(2008년 모습)와 라지브 모트와니 교수

그 당시 학교 밖 세상에서는 넷스케이프Netscape가 1995년 8월 9일 1
주당 14달러에 상장한 주식이 그날 종가로 무려 75달러까지 치솟
는 일이 발생했다.

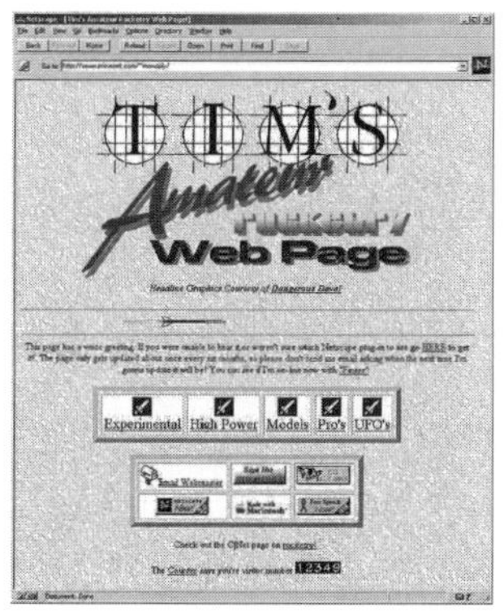

자료원 : http://en.wikipedia.org/wiki/File:Netscape2.02_Screenshot_800x924.jpg
웹 브라우저 넷스케이프 2.02(1995-1996년 모습)

이 소식을 접한 라지브 모트와니 교수와 세르게이 브린은 데이터마이닝 알고리즘을 인터넷 상거래에 적용해 볼 궁리도 병행하였다. 그런데 넷스케이프 사건의 여운이 채 가시기도 전인 1995년 12월 15일에 이번에는 DEC Digital Equipment Corporation가 '알타비스타 AltaVista'라는 인터넷 검색 엔진을 내놓았고, 알타비스타는 순식간에 대중적 인기를 얻게 되었다.

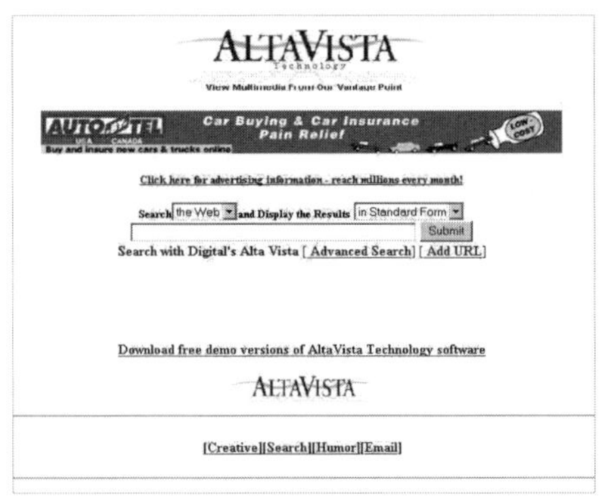

자료원 :
http://www.icehousedesigns.com/webarchive/images/1996_october_altavista.jpg

검색엔진 알타비스타(1996년 10월 모습)

래리 페이지는 테리 위노그래드 교수가 조언한 월드와이드웹이라는 논문 주제를 생각하면서 알타비스타를 이렇게 저렇게 사용해 보았다. 그러던 중 래리 페이지는 검색결과에 포함된 사이트에 연결된 페이지를 찾을 수 있게 해 주는 웹의 링크link 구조에 대하여 무엇인지는 명확히 표현할 수 없지만 뭔가 부족한 2%의 직감에 대하여 고민하기 시작했다. 고민에 고민을 거듭하던 중 현재 진행중인 디지털 도서관 프로젝트에서 지겹게 봐왔던 학술논문의 '인용 Quotation'이란 단어가 섬광처럼 래리 페이지의 머릿속을 스쳐 지나갔다.

"인용이 많이 된다는 사실은 그 연구가 그만큼 가치 있고 중요하다는 말이잖아. 실제로 노벨상 수상자의 논문은 1만여 개의 다른 논문에서 인용되고 있고, 또 학자들의 순위도 논문이 얼마나 많이 인용되느냐로 정하고 있잖아. 이런 패턴을 웹사이트 순위를 정하는데 사용할 수도 있을까?"

래리 페이지는 논문 주제를 찾지 못하고 이리저리 떠돌고 있던 그러나 박학다식했던 세르게이 브린에게 지금까지의 생각을 이야기했다. 세르게이 브린은 이 말을 듣자 매력을 느꼈고 또한 현재 라지브 모트와니 교수와 함께 연구 중인 데이터마이닝을 이용할 수도 있겠다고 생각했다. 세르게이 브린은 학술논문의 인용처럼 특정 링크가 얼마나 많이 링크되었는지를 기록해서 더 많은 링크를 받은 링크에 더 높은 순위를 부여하는 알고리즘을 개발하였다. 그리고 이 알고리즘의 이름은 아이디어를 제공한 래리 페이지의 이름을 따서 페이지랭크PageRank라고 명명했다. 이것은 주로 사용자 입력 검색어를 바탕으로 웹페이지를 분석하기 때문에 종종 사용자에게 엉뚱한 검색결과를 보여주었던 기존의 방법보다 검색 정확도가 훨씬 높은 정밀한 방법이었다.

래리 페이지와 세르게이 브린은 페이지랭크를 바탕으로 1996년 1월에 백럽BackRub이라는 검색엔진을 구현하였다. 같은 해 8월에는 http://google.stanford.edu라는 스탠포드대학교의 하위 도메인으로 검색엔진을 서비스하였다. 그러자 학내에서는 입소문을 타고 폭발적인 인기를 끌기 시작했다.

1998년 1월에 래리 페이지와 세르게이 브린은 이 알고리즘을 가지고 박사학위 논문을 쓰기로 결정하였다. 그리고 조금은 촌스러운 이름인 백럽을 '엄청난 규모의 데이터를 검색한다'는 의미를 가진 10의 100제곱을 뜻하는 구골Googol로 바꾸기로 하였다. 또한 세르게이 브린과 래리 페이지는 이 프로그램에 대한 특허를 신청하고 나서, 1998년 3월에 당시 최고의 검색엔진이었던 알타비스타의 개발자 폴 플라어티에게 이 특허를 100만 달러 정도에 팔겠다고 제안했다. 그러나 알타비스타는 사지 않겠다고 했다. 그래도 세르게이 브린과 래리 페이지는 포기하지 않고 익사이트Excite, 야후Yahoo에도 제안했다. 그러나 모두 거절했다. 그 당시 인터넷 트렌드는 사용자를 재빨리 다른 웹사이트로 내보내는 검색엔진보다 사용자를 웹사이트에 오랫동안 머물러 있게 하는 포털Portal이 대세였기 때문으로 생각된다.

구글 창업

그 과정에서 스탠퍼드대학교 대학원 졸업생이자 야후 공동 설립자인 데이비드 필로David Filo가 세르게이 브린과 래리 페이지에게 박사학위 과정을 잠시 접고 직접 사업을 시작해 보면 어떠냐고 조언하였다. 그리고 얼마 안 있어 1998년 8월에 썬 마이크로시스템즈Sun Microsystems, Inc. 공동 창업자이자 그 당시 시스코Sysco Corporation 부사장이었던 앤디 벡톨샤임Andy Bechtolsheim이 래리 페이지와 세르게이 브린을 가르쳤던 자신의 친구 데이비드 체리턴David Cheriton 교수의 집에서 래리 페이지와 세르게이 브린의 '엘리베이터 피치(Elevator Pitch, 투자가가 엘리베이터를 타고 있는 짧은 시간에 사업 계획을 간단하게 설명하는 것)'를 듣고 나서 그들에게 10만 달러짜리 수표를 써주었다. (이후에도 앤디 벡톨샤임은 더 많은 투자자를 찾도록 도와주었다.)

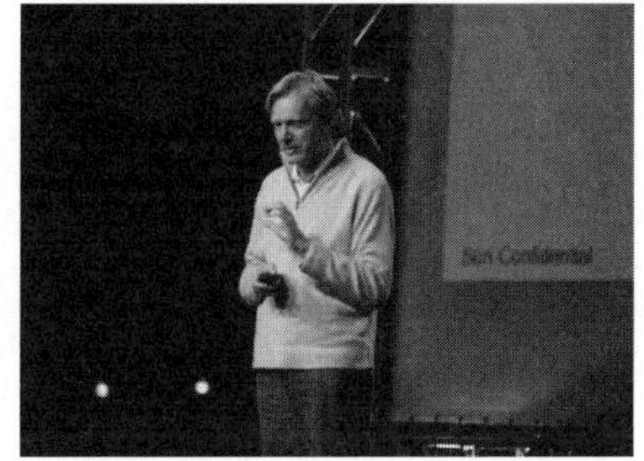

자료원 : http://en.wikipedia.org/wiki/File:LDOO.jpg
http://en.wikipedia.org/wiki/File:Andy_Bechtolsheim_1.jpg

데이비드 체리턴(2005년 모습), 앤디 벡톨샤임(2007년 모습)

세르게이 브린과 래리 페이지는 이 돈을 가지고 박사 학위 논문 작성을 잠시 보류한 채 본격적으로 사업을 시작했다. 깔끔한 인터페이스와 웹페이지 순위 계산 알고리즘 등을 특징으로 한 인터넷 검색엔진 구글www.google.com은 1998년 9월 7일 이렇게 탄생했다.

그 당시 구글의 멤버는 세르게이 브린과 래리 페이지 그리고 구글의 첫 번째 직원인 크레이그 실버스타인Craig Silverstein 뿐이었다. 그리고 그들은 스탠퍼드대학교 대학원에서 수전 워지츠키의 룸메이트와 데이트를 한 인연이 있었던 세르게이 브린 덕에 수전 워지츠키Susan Wojcicki와 데니스 트로퍼Dennis Troper 부부 소유의 캘리포니아 주 멘로 파크Menlo Park 변두리에 있는 2인용 차고와 50평 정도되는 1층 방 2개를 월세 1,700달러에 사무실로 사용하였다.

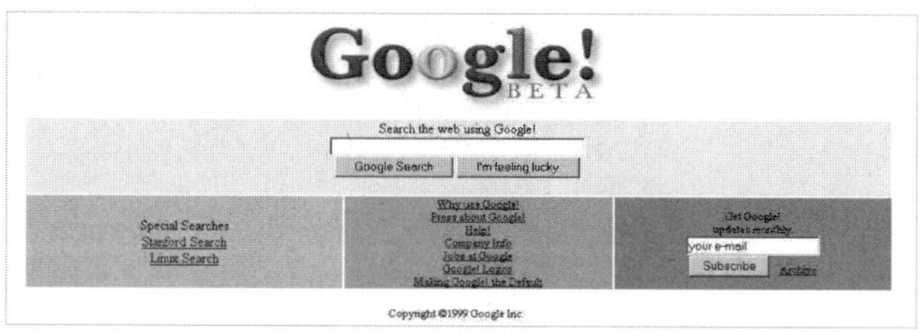

자료원 : http://www.icehousedesigns.com/webarchive/images/1999_jan_google.jpg

검색엔진 구글(1999년 1월 모습)

래리 페이지와 세르게이 브린은 1999년 3월에 현재 구글 본사로 이용하고 있는 구글플렉스Googleplex에 입주한 후, 그 해 9월에 베타 서비스를 끝내고 드디어 정식 서비스를 시작했다. 이후, 투자자들은 래리 페이지와 세르게이 브린에게 구글을 포털화하여 배너광고를 해서 수익을 내라고 압박했다.

래리 페이지와 세르게이 브린은 빠른 검색을 방해하는 배너광고를 거부하면서 투자자들과 갈등을 일으켰다. 그럼에도 불구하고 래리 페이지와 세르게이 브린은 배너광고 이외의 수익원을 찾기 위해 노력하였다. 그 때 래리 페이지와 세르게이 브린의 눈에 들어온 것이 현재 오버츄어Overture인 당시의 고투닷컴GoTo.com이었다. 고투닷컴은 1997년 9월에 출범하여 1998년 2월에 사용자의 사이트 클릭 수에 따라 광고주가 검색업체에 광고비를 지급하는 방식의 검색광고서비스를 제공하였다. 래리 페이지와 세르게이 브린은 고투닷컴의 검색광고서비스를 면밀하게 분석하여 구글에 맞게 차용해 나가기 시작하였다. (이후에 구글은 경쟁사인 야후의 자회사였던 오버츄어에게 특허권 침해 소송을 당하였으나, 2004년 8월에 2,850만 달러약 329억원로 정식 라이선스 계약을 맺어서 PPCPay Per Click 특허기술을 정식으로 사용하게 되었다.)

에릭 슈미트와의 만남

2000년대 들어 구글은 뛰어난 검색력에 대한 입소문이 퍼지면서 사용자들이 몰려들어 하루 1,800만 건 이상의 검색이 수행되는 최고의 검색엔진이 되었고, 야후에 검색엔진을 판매하기도 했다. 하지만 웹 검색 솔루션 판매는 안정적인 수익원이 되지 못했고, 그러는 동안 구글의 규모는 계속 커져서 2000년 말에 150명을 넘어섰다.

래리 페이지와 세르게이 브린은 이러한 상황을 타개하기 위하여 마침내 전문 경영인을 영입하기로 결심했다. 래리 페이지와 세르게이 브린은 백명에 가까운 후보들을 심사해서 '정보통신업계의 늙은 여우'라고 불리는 에릭 슈미트Eric Emerson Schmidt로 결정했다. 1955년 4월 27일생인 에릭 슈미트는 2001년 3월에 구글에 합류하였고, 얼마 지나지 않은 같은 해 8월에 구글의 최고경영자가 되었다. 에릭 슈미트의 아버지도 래리 페이지와 세르게이 브린처럼 존스홉킨스대학교Johns Hopkins University의 국제경제학 교수였다.

래리 페이지와 세르게이 브린은 회사경영전략과 기술부문 정책결정에 관한 거부권을 가지고 있었다. 그리고 에릭 슈미트는 그림자 같은 CEO가 되길 원했고, 자신을 전면에 내세우지 않았다. 에릭 슈미트 자신은 언론 인터뷰를 피하고 대신에 래리 페이지와 세르게이 브린을 적극적으로 내세워 각광받도록 노력했다.

자료원 : http://en.wikipedia.org/wiki/File:Eric_E_Schmidt,_2005_(looking_left).jpg
http://en.wikipedia.org/wiki/File:Schmidt-Brin-Page-20080520.jpg

에릭 슈미트(2005년 모습), 구글 창업자와 함께 있는 에릭 슈미트(2008년 모습)

에릭 슈미트는 구글의 미래와 가치관을 확립하기를 원했다. 그래서 에릭 슈미트는 구글의 초창기 멤버 10여명과 함께 열띤 토론을 벌였다. 그러한 토론 중에 엔지니어 폴 부크하이트Paul Buchheit가 주장한 눈앞의 이익에 매몰돼서 장기적 브랜드 이미지를 훼손해서는 안 된다는 의미의 '악해지지 말라Don't be evil'가 구글의 핵심 키워드가 되었다. 지금까지도 구글 웹사이트의 첫 화면은 'Don't be evil'의 기조를 유지하고 있다.

구글 메인페이지 모습

더불어 구글은 'Don't be evil'이라는 핵심 키워드를 바탕으로 다음과 같은 10가지 기업이념을 만들었다.

구글의 경영철학	
1	사용자에게 초점을 맞추자.
2	어디서든 한 분야에서 최고가 되자.
3	느린 것보다는 빠른 것이 낫다.
4	웹 민주주의는 효과가 있다.
5	데스크톱에서만 검색이 가능한 것은 아니다.
6	부정적인 방법을 쓰지 않고도 돈을 벌 수 있다.
7	정보는 무한대다.
8	정보 요구는 국경이 없다.
9	꼭 정장을 입어야만 진지하게 업무에 임하는 것은 아니다.
10	최고에 만족하지 말자.

구글의 비즈니스

구글의 인터넷 광고

《구글드》의 저자 켄 올레타의 표현을 빌자면 구글의 인터넷 광고 프로그램인 애드워즈AdWords와 애드센스AdSense는 '구글 로켓 엔진 점화! 하늘로 날아가다'의 핵심이었다.

구글은 2000년 10월에 구글 사이트에서 발생하는 애드워즈라는 검색광고프로그램을 350업체 정도의 광고주만을 대상으로 베타 테스트를 수행했다. 그러나 그 성과는 미미했다. 더군다나 구글 광고는 사용자의 클릭에 상관없이 1,000건당 광고비용을 지불해야 하는 CPMCost Per Millenium 방식이었다.

그러나 구글은 에릭 슈미트의 CEO 취임 이후 애드워즈의 핵심내용을 개선하였다. 그 내용 중 하나는 구글이 키워드마다 최저 가격을 설정하고 광고주들이 이보다 높은 가격으로 입찰을 시작하여 최고 가격을 제시한 광고주가 최종적으로 낙찰되는 에릭 비치Eric Beach가 내놓은 비커리 경매Vickery Auction 방식이었고, 다른 하나는 광고주는 사용자가 검색했을 때 그 검색결과와 관련된 광고를 보여주기는 하지만 자사 광고를 클릭했을 경우만 비용을 지불하는 CPCCost Per Click이었다. 그렇게 개선된 애드워즈 광고 프로그램은 2002년 2월에 발표되었다. 다음은 키워드 'movies'에 대한 2010년 7월 8일 구글 웹 사이트의 검색결과이다.

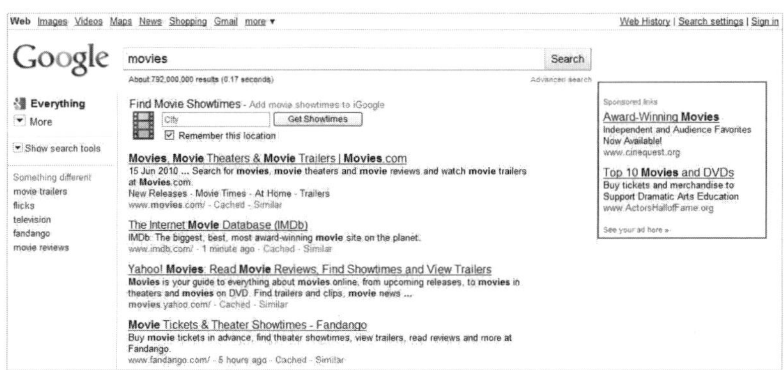

애드워즈 광고 모습

검색 결과 관련 애드워즈 광고가 화면의 상단 또는 우측에만 게재되어 있는 것을 볼 수 있는데, 이것은 사용자가 검색결과와 광고를 명확하게 분별할 수 있도록 한 구글의 전략이다. 여기서 엿볼 수 있는 또 다른 구글의 전략은 사용자의 클릭수로 광고 조회 우선순위를 결정하여 사용자의 신뢰를 얻고자 하는 것이다.

한편, 구글은 2003년에 애드센스라는 이름의 인터넷 광고 프로그램도 내놓아서 '롱테일long tail' 효과를 누리고 있다. 애드센스는 일반웹사이트나 블로그 등의 운영자가 그 특성에 맞게 구글 광고를 선택하여 자신의 사이트에 게재할 수 있는 구글만의 독특한 인터넷 광고 모델이다. 여기서 구글의 역할은 광고주와 웹사이트 운영자 사이의 중매인Matchmaker이다. 웹사이트 또는 블로그의 방문자가 거기에 게재된 구글 광고를 클릭하면, 광고주는 해당 광고를 클릭했을 경우만 광고비용을 지불하면 되는 CPC 방식으로 운영된다. 지불된 광고비는 구글과 웹사이트 또는 블로그 등의 운영자가 나눠 갖는다. 애드센스 인터넷 광고 모델은 네티즌의 자발적 요청으로 이루어지는 새로운 광고 시장을 형성함으로써, 인터넷 광고 영역을 넓히는 역할도 하였다. 다음 화면은 2010년 7월 8일에 moviepotal.com 웹사이트에 접근하여 볼 수 있었던 애드센스 인터넷 광고의 모습이다.

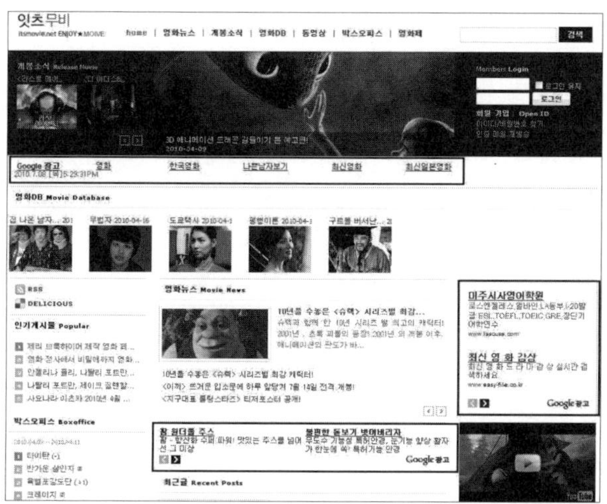

애드센스 인터넷 광고 모습

더불어 구글은 매시간 클릭수, 판매량, 해당 키워드의 트래픽, 클릭이 판매로 이어진 비율 등을 구글 애널리틱스Google Analytics을 통하여 광고주들에게 제공함으로써, 광고주들이 해당 광고의 효과를 즉시 확인할 수 있게 하였다.

구글은 이를 바탕으로 2004년 32억 달러였던 수입이 2007년에는 166억 달러로 높아졌다. 구글은 세계적으로 불황이었던 2008년에도 218억 달러 매출에 42억 달러의 수익을 거두었는데, 그 가운데 97%는 광고수입이었다. 이것은 미국의 CBS, NBC, ABC, FOX, CW 등 5개 방송사 광고 수입을 합한 것과 비슷한 규모이다.

다음에 제시한 구글 서비스들은 현재까지 구글이 제안해왔던 것들 중에서 대표적인 것들을 모은 것이다.

구글 툴바toolbar.google.com

Google toolbar

자료원 : http://en.wikipedia.org/wiki/File:Toolbar_sm.png

구글 툴바 로고

구글이 개발하여 2000년에 서비스하기 시작한 구글 툴바Google Toolbar는 인터넷 익스플로러IE: Internet Explorer와 모질라 파이어폭스Mozilla Firefox 웹브라우저에서 구글 홈페이지에 접속하지 않고도 인터넷을 검색할 수 있는 서비스이다.

피카사picasa.google.com

자료원 : http://en.wikipedia.org/wiki/File:Picasa.svg

피카사 로고

아이디어랩Idealab이 만들었으나 2004년 7월에 구글이 인수한 피카사Picasa는 이용자 자신의 데스크톱에 있는 사진을 인터넷에서 손쉽게 검색, 편집, 공유할 수 있고, 더불어 사이트 가입이나 로그인 없이 다른 사람의 사진도 볼 수 있는 디지털 사진 관리 서비스이다. 피카사란 이름은 스페인에서 태어났으나 주로 프랑스에서 활동한 20세기 대표적 서양 화가인 파블로 피카소Pablo Ruiz Picasso, 나의 집my house이란 뜻의 "mi casa", 그림pictures의 약어 "pic"을 조합하여 만들었다고 한다.

구글 어스earth.google.com

자료원 : http://en.wikipedia.org/wiki/File:Google_Earth.svg

구글 어스 로고

키홀Keyhole사의 3D 지구보기EarthViewer 3D를 구글이 2004년에 인수하여 2005년 6월 28일부터 시작한 구글 어스Google Earth는 전 세계 위성 이미지, 지도, 지형과 3D 건물 정보 등 전 세계의 지역 정보를 볼 수 있는 위성 영상 지도 서비스다. 2008년 4월 15일부터는 구글 맵에서만 제공하던 '스트리트 뷰' 기능도 추가하여서 360도 파노라마 거리 사진도 볼 수 있다.

유튜브 로고

2005년 2월에 페이팔PayPal에 근무하던 채드 헐리Chad Hurley, 스티브 첸Steve Chen, 자웨드 카림Jawed Karim이 공동 창업하였으나 구글이 2006년 11월에 인수한 유튜브YouTube는 이용자가 영상을 올리거나 공유할 수 있는 세계 최대 동영상 공유 서비스이다. 콘텐츠는 영화, TV 방송, 뮤직 비디오 영상이 많지만, 몇몇 아마추어가 제작한 영상은 순식간에 인기를 얻어서 스타가 되기도 한다.

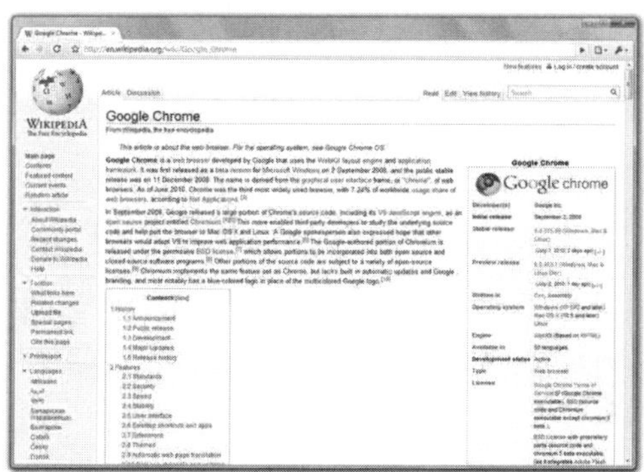

자료원 : http://en.wikipedia.org/wiki/File:GoogleChromeWindows5037538.png

구글 크롬 로고

구글이 개발하여 2008년 9월 2일에 첫 선을 보였고 같은 해 12월 11일에 1.0 버전을 선보인 구글 크롬Google Chrome은 간단하고 효율적인 이용자 인터페이스, 안정성 및 속도 등에서 매력이 있는 오픈 소스 웹 브라우저다.

구글 비즈니스의 성공 비밀

구글의 롱테일 전략

축구선수는 축구를 잘해야 하고 화가는 그림을 잘 그려야 하는 것처럼 검색엔진은 검색을 잘해야 한다. 검색엔진 회사인 구글은 페이지랭크PageRank라는 자신들만의 독특한 알고리즘을 바탕으로 최고의 검색력을 자랑하고 있다. 이쯤되면 '구글의 주수익원은 검색엔진이겠지'라고 생각하기 쉽다. 그런데 구글의 주수익원은 검색엔진이 아니다.

그렇다면 이제 여러분은 '본래 기업의 존재이유는 이윤추구에 있는데, 구글은 어디서 돈을 벌어서 그 많은 직원들을 먹여 살리는 걸까?'라는 호기심이 생길 것이다. 여러분의 호기심은 구글의 매출액 자료를 보면 금방 풀린다. 구글은 인터넷 광고가 전체 매출에서 97%를 차지하고 있으며, 인터넷 광고에서 나오는 이익만도 2009년 기준으로 65억 달러에 달한다. 이것은 83억 달러의 삼성전자나 82억 달러의 애플과 맞먹는 수치이다. 마치 피겨 퀸 김연아 선수가 피겨 경기에서가 아닌 광고모델로 더 많은 돈을 버는 것처럼, 구글의 주수익원은 인터넷 광고다. 이것은 구글의 인터넷 광고를 자세히 보면 구글 비즈니스의 성공 비밀을 엿볼 수 있다는 것을 알려주는 것이다.

이제 구글이 인터넷 광고를 어떻게 운영하고 있는지 살펴보자.

첫 번째 주제는 혁신적인 광고료 정산 방식이다. 구글은 광고주에게 오버츄어처럼 사용자가 클릭한 횟수 즉 인터넷 광고 효과만큼만 광고료를 받는 정책을 폈다. 이것은 TV 시청률, 신문 발행 부수 등 기존 매체의 영향력에 따라 책정되는 비싼 광고료 때문에 광고를 낼 엄두를 내지 못했거나 어렵게 광고를 내긴 했지만 불특정 다수에 대한 광고로 인한 불투명성에 염증을 느꼈던 소기업, 비영리조직, 개인, 영세 미디어 등 롱테일 그룹에 해당되는 광고주들에게는 가뭄에 단비와 같은 낭보였다.

두 번째 주제는 공짜 경제이다. "구글은 당신에 대해 어머니나 아내보다도 더 잘 알고 있다"고 풍자될 정도로 강력한 검색력을 갖고 있으며, 구글은 이를 바탕으로 다양한 서비스들을 꾸준히 추가해나갔다. 더군다나 구글은 G메일, 지도, 구글 어스Google Earth, 유튜브, 구글 독스Google Docs 등과 같이 엄청난 서비스들을 사용자들에게 '공짜'로 제공하였다. 사용자들은 공짜의 대가로 사용자 특성에 따라 광고내용이 바뀌는 '맞춤형 광고'만 보면 되었다. 그런데 광고주들은 원하는 목표 고객층에만 인터넷 광고를 제공할 수 있는 '맞춤형 광고'에 열광했다. 또한, 사용자들은 '세상에 공짜는 없다'고 다짐했건만, 구글이 제공하는 공짜 서비스 유혹 앞에서는 마음이 흔들리고 이내 경계심이 풀어지고 만다. 이렇게 해서 모여든 롱테일 그룹에 속하는 사용자들로 구글은 항상 북적였다. 이것이 구글 비즈니스의 첫 번째 성공 비밀이다.

구글의 20% 타임제

구글은 직원들에게 주 5일 근무하는 날 중에서 하루에 해당하는 20%의 근무시간을 떼어내서 고유 업무 이외에 흥미가 있는 다른 뭔가에 투자할 수 있는 '20% 프로젝트'라고 불리는 '20% 타임제'를 권장하고 있다. 이 20% 타임제는 팀장에게 자신의 관심사를 알리기만 하면 된다. 나머지는 자율이다. 그래서 시간을 정확하게 20% 만 쪼개 쓰는지를 측정하는 사람도 없고, 무엇을 하는지를 묻는 사람도 없다. 어떤 직원이 업무 시간에 다른 뭔가를 하고 있으면 '아! 20% 타임을 쓰고 있구나'라고 생각할 뿐이다.

그런데 20% 타임제가 바로 구글 창조력의 원천이었다. 이메일 서비스인 G메일, 구글 뉴스, 인맥 친목 사이트인 오컷Orkut, 인터넷 광고인 애드센스 등이 20% 타임제를 통하여 시작되었다. 야후와 마이크로소프트가 1인당 무료 이메일 용량 10메가를 제공하고 이를 초과할 경우 별도 비용을 지불해야 하는 당시 상황에서 구글은 2004년 4월 1일 만우절에 무료로 1기가를 제공하는 G메일 서비스를 오픈한 것은 20% 타임제에서 시작된 아이디어의 구현 결과였다. 과거 교환한 이메일 내용을 일목요연하게 보여주는 기능으로 당시 이메일 시장에 지각변동을 일으켰던 사건도 마찬가지다.
그러나 20% 타임제의 결과가 모두 거창한 것만은 아니었다. 유치원에서나 어울릴만한 놀이기구를 회사 앞 잔디밭에 설치하는가 하면, 통근버스 운용제도를 만들어 현재 100여대의 셔틀버스를 운행시키는 등의 소소한 개선들도 줄을 잇고 있다. 그 놀이기구는 사용자가 많지 않아 이내 철거되었지만, 실패를 두려워해 자신들의 아이디어를 말하지 못하는 조직 문화는 없어야 한다는 사례라고 할 수 있다.

또한 구글은 직원들이 출근하면 완벽하게 회사 일에만 전념할 수 있도록 만드는 근무환경으로도 유명하다. 구글 직원들은 순간순간 떠오르는 생각이 있으면 때론 암호처럼 때론 낙서처럼 곳곳에 설치된 대형 화이트보드에 끄적인다. G메일, 뉴스 서비스 등의 초기 모델도 이 칠판의 낙서로부터 시작되었다.

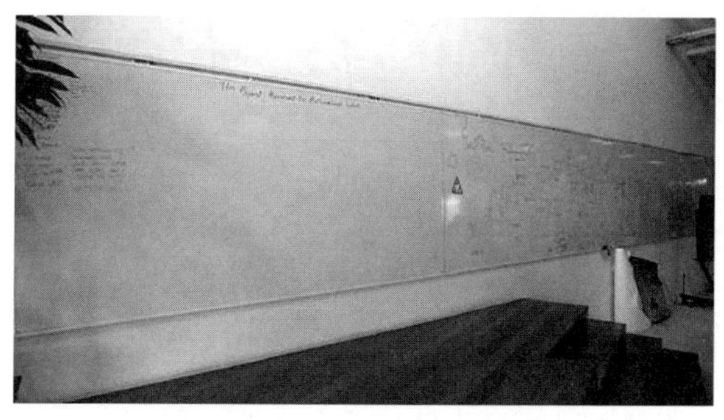

자료원 :
http://www.segye.com/Articles/News/Economy/Article.asp?aid=20070604000436

구글의 초대형 칠판 모습

구글은 직원들이 자유롭게 상상할 수 있는 환경을 구축하는데도 신경 쓰고 있다. 야외테이블, 벤치, 울창한 나무들, 채소 정원, 사람과 자전거로 활기 넘치는 산책로 등을 나지막한 건물들과 어우러지도록 배치했다. 또한, 직원들이 회사에 있는 동안에는 회사 일에만 집중할 수 있도록 헬스클럽, 수영장, 당구장, 이발소, 세탁소, 치과, 마사지실, 요가 연습실, 직원 자녀들의 놀이방 등 대부분의 편의시설을 건물 내부에 갖추고 있다. 예를 들어, 구글에서는 점심을 먹고 나서 몰려드는 식곤증 때문에 고생할 필요가 없다. 바로 캡슐

모양의 지붕이 머리에서부터 허리까지 감싸며 다리를 쭉 펴고 누울 수 있는 'EnergyPod'라는 이름의 침대식 의자를 사용할 수 있기 때문이다. 이 의자는 기상 시간을 진동으로 알려주는 기능이 있기 때문에 20분 정도 낮잠 자기엔 안성맞춤이다.

구글의 수면의자 모습

구글 직원들은 사내 식당에서 100여명의 요리사가 제공하는 양식, 중식, 일식, 한식 등 다양한 요리를 취향에 맞게 무료로 골라 먹을 수 있다. 이것은 구글 초창기에 매일 밤샘 작업에 배고팠던 래리 페이지와 세르게이 브린이 '잘 먹어야 일도 잘 한다'는 생각에서 한 해 700만 달러약 70억 원의 예산을 사내 식당에 배정하기 때문에 가능하다. 그러나 이것을 다른 관점에서 본다면, 직원들이 식사하러 외부로 나갔다가 돌아오는 시간도 아껴서 회사 일에 투자하도록 한다고 생각할 수도 있다.

구글의 이슈

양날의 칼, 구글 문화

'잘 쓰면 약藥이지만 잘못 쓰면 독毒이 된다'는 속담이 있다. 예를 들어, 부자附子라는 한약재는 신진대사 기능이 떨어졌을 때 잘 쓰면 더할 나위 없이 좋은 약재이지만 TV 사극에 단골로 등장하는 사약의 원료가 되기도 한다. 이것은 부자를 잘 쓰면 약이 되지만 잘못 쓰게 되면 독이 된다는 부자의 양면성을 의미하는 것이다.

그런데 구글에서도 그들의 성장동력이었던 엔지니어 문화에서 부자의 양면성과 유사한 맥락의 사건이 최근 발생하였다. 그 사건은 바로 중국당국과 구글 차이나 사이의 다음과 같은 이야기이다.

구글은 2010년 1월 중순에 중국 당국의 인터넷 검열방침과 사이버 해킹 공격 등에 반발하였고, 같은 해 3월부터 웹브라우저 주소입력란에 'google.cn'을 입력하면 자동으로 'google.com.hk'로 이동하는 구글 차이나 사이트의 홍콩 우회 서비스를 시작하였다. 또한 같은 해 6월 초에는 중국의 인터넷 검열이 인권 문제뿐 아니라 중국시장에 진출한 다국적기업들에도 불이익을 주는 것이라며 미국과 유럽연합EU이 중국 당국에 압력을 행사해줄 것을 요청하기도 했다.

자료원 : http://news.jknews.co.kr/article/news/20100323/5912926.htm

구글 차이나 본사 감시 카메라 모습

그러나 중국정부는 구글의 홍콩 우회 서비스에 대해 거부감을 보였다. 중국정부는 구글의 중국 인터넷콘텐츠제공자ICP 라이선스가 2010년 6월 30일에 만료되는 것을 빌미로 구글 길들이기에 들어갔다.

구글은 결국 중국에서의 검색 서비스가 중단되는 것을 막기 위해서 ICP 갱신 허가 시한을 하루 앞둔 2010년 6월 29일에 홍콩 우회 서비스를 중단했다. 그리고 2010년 7월 1일에 통신 관련 57번 규정 등 중국 법을 지키고 이에 위반하는 콘텐츠를 제공하지 않겠다는 내용을 포함한 ICP 라이선스 갱신 지원서를 구글 차이나 운영업체인 '구샹 인포메이션 테크놀로지'를 통해 제출하였다. 여기서 중국의 통신 관련 57번 규정은 어떤 개인 또는 단체도 인터넷을 통해 중국 국가권력 전복, 국가안보 약화, 국가명예 침해, 민족갈등 조장, 음란물 및 폭력 등과 관련된 콘텐츠를 유포할 수 없다는 것이다.

이에 중국 당국은 음악, 전자상거래, 번역 등 3가지 분야로 범위를 한정하고 ICP 면허도 매년 갱신하는 조건으로 2010년 7월 5일에 구글 차이나의 ICP 갱신 요청을 받아들였다ICP번호 B2-20070004.

구글은 현재 효율과 측정에 주안점을 둔 엔지니어 위주의 문화로 세상의 중심에 우뚝 섰다. 그러나 구글은 미국 검색 시장에서는 65%정도지만 다른 나라에서는 50%도 안되는 곳이 많다. 이것은 현재 상태에서 구글의 영향력은 문화를 독점할 만큼은 아님을 의미하는 것이다. 따라서 구글은 구글 차이나 사례와 같이 측정하기 어려운 애국심, 자존심 등에 대한 갈등 해결 방안을 수립할 필요가 있다.

구글이 그런 문제들에 대하여 어떠한 입장을 취할지 귀추가 주목되는 대목이다. 구글의 미래를 예측하려면 '구글 문화, 구글 미래의 약藥인가 독毒인가!'라는 주제에 대한 모범답안을 작성해보라고 한다면 지나친 억측일까?

구글 공포, 사생활 침해

얼마 전에 미국의 유명 IT 정보 블로그 '마셔블Mashable'에 처음 본 사람도 이름만 알면 구글을 통해 그 사람에 대한 정보를 손쉽게 알아낼 수 있다는 줄거리의 3컷 만화가 올라왔었다. 이 만화는 구글링을 하면 쉽게 확보할 수 있는 개인정보에 대하여 경고하고 있다.

한편, 구글은 2006년부터 특수 카메라를 장착한 차량이 세계 여러 나라를 돌아다니면서 촬영하여 사용자들이 걸으면서 거리를 보는 듯한 효과를 주는 파노라마 형식의 스트리트뷰Street View 서비스를 제공하는데, 이 서비스가 노상 방뇨, 만취한 길거리의 행인, 민망한 옷차림의 여성 모습 등은 물론 공공 무선 네트워크Wi-Fi를 이용한 불법적 자료수집 등의 문제로 독일, 캐나다, 호주 등 여러 나라에서 갈등을 일으키고 있다.

이와 같은 구글의 사생활 침해 논란은 사용자들에게 구글이 광고수익을 위하여 뭔가를 만들지도 모른다고 생각하게 하고 더 나아가 구글이 자신의 프라이버시를 보호해 줄 수 있을 것인가라는 의문을 불러일으키고 있다.

자료원 :
　　http://news.kukinews.com/article/view.asp?page=1&gCode=eco&arcid=0921453
　　503&cp=nv

특수 카메라 장착 구글 스트리트뷰 차량 모습

이러한 맥락이 이슈가 되는 것은 구글이 새롭게 출시하는 비즈니스 모델에 악영향을 미칠 수 있다는 점이다. 예를 들어 소셜 네트워크 서비스Social Network Service: SNS인 페이스북은 구글이 견제해야 할 만큼 성장했다. 그래서 구글은 페이스북과 유사한 '구글미Google Me'를 준비하고 있다고 한다. 이에 대해 미국 씨넷 블로거 크리스 매티시치크Chris Matyszczyk는 2010년 7월 5일에 다음과 같이 주장했다.

"구글이 기술 중심 코드로 구글미를 내놓는다면 감성에 호소하는 페이스북을 넘기는 힘들 것이다. 구글이 소셜 서비스 시장에서 페이스북을 쓰러뜨릴 방법은 구글이 제공하는 서비스가 아닌 것처럼 보이는 것이다"

구글 안드로이드, 새로운 도전

에릭 슈미트와 스티브 잡스는 마이크로소프트라는 골리앗을 상대하면서 정서적인 유대감을 키워왔다. 그러다가 2006년에 애플이 자사의 이사회 멤버로 에릭 슈미트를 영입하면서 정서적 동지는 전략적 동지로 발전하는 듯 했다. 그러나 2007년에 구글이 안드로이드Android 개발 계획을 발표하면서부터 두 기업의 관계에 금이 가기 시작했다.

인터넷 검색업체인 구글은 2005년 7월에 미국 캘리포니아주의 팔로알토에 있던 안드로이드사를 인수하였다. 구글은 이를 기반으로 OHAOpen Handset Alliance 컨소시엄을 결성하여 결국 모바일 기기용 운영체제Operating System: OS 안드로이드를 오픈소스 형태로 발표하였다. 그러더니 2010년 1월 5일에는 안드로이드 OS를 탑재한 구글 스마트폰 넥서스원Nexus One까지 시장에 내놓았다. 애플 아이폰용 iOS의 시장점유율이 40%로 선두이고 구글 안드로이드가 26%로 추격하고 있는 2010년 5월 기준의 시장 점유율만도 봐도 이제 전세계 스마트폰 시장은 애플 아이폰과 구글 안드로이드 OS 기반 스마트폰간의 대결 구도로 좁혀지고 있음을 알 수 있다. 더군다나 마이크로소프트사도 윈도폰7을 출시할 예정이라고 한다.

구글이 고유영역을 벗어난 모바일기기용 OS에 집착하는 이유는 가족이 함께 사용하는 PC 환경에 기인한 개인별 맞춤 광고 효력의 약화를 스마트폰을 이용하여 극복하겠다는 구글의 복안 때문이다. 서서히 가시화되고 있는 '신 IT 삼국지'에서 구글의 선택이 기대된다. 과연 구글의 꿈은 이루어질까?

눈앞에서 펼쳐지고 있는 구글과 애플의 흥미로운 스마트폰 경쟁은 스마트TV에서도 이어질 것 같다. 애플은 2007년에 이미 PC, 아이팟 등에 저장된 영화, 드라마, 음악, 사진 등의 멀티미디어 콘텐츠를 무선으로 전송 받아 대형 TV화면에서 볼 수 있게 해주는 무선 셋톱박스 개념의 애플TV를 출시해서 관심을 끌었으나, 수익창출에는 실패했다. 최근 애플이 그런 애플TV를 iOS를 기반으로 새롭게 업데이트하고 있다고 전해지고 있다. 반면에 구글은 2010년 하반기에 구글 TV를 발표하겠다고 한다. 그런데 구글 TV의 내부도 역

시 안드로이드 OS를 기반으로 한 셋탑박스와 HD TV용 소프트웨
어 플랫폼이라고 한다.

내용 확인 문제

1. 구글은 ______________와 ______________이 1998년에 공동 창업한 검색엔진 기반 인터넷 기업이다.

2. 구글이라는 이름은 10의 100제곱을 뜻하는 수학적 이름인 ______________에서 유래되었다.

3. ______________라고 불리는 구글 본사는 미국 캘리포니아주 산타 클라라 카운티 마운틴뷰시의 앰피시어터 파크웨이 1600번지에 위치하고 있다.

4. 래리 페이지와 세르게이 브린은 1995년에 ______________ 대학원 컴퓨터과학과에서 처음 만났다.

5. ______________는 학술논문의 인용처럼 더 많은 링크를 받은 웹페이지에 더 높은 순위를 부여하여 웹페이지의 중요도를 매기는 알고리즘이다.

6. 래리 페이지와 세르게이 브린은 데이비드 체리턴 교수 집에서 ______________에게 ______________를 해서 10만 달러의 창업자금을 투자 받았다.

7. 1998년 9월 7일 구글 창업 당시 첫 번째 직원은 __________ 뿐
이었다.

8. ______________는 2001년 3월에 구글에 합류하여 같은 해 8월
에 구글의 최고경영자CEO가 되었다. 그러나 래리 페이지와 세르
게이 브린은 여전히 회사경영전략과 기술부문 정책결정에 관한
거부권을 가지고 있었다.

9. 구글은 빠른 검색을 방해하는 배너광고를 배제한 새로운 수익원
에 대한 아이디어를 현재의 ______________에서 얻었다.

10. ______________는 구글의 핵심 키워드다.

11. 구글의 인터넷 광고 프로그램에는 2002년에 시작한 ________와
그 이후에 시작한 ______________가 있다.

12. ______________는 일반웹사이트나 블로그 등의 운영자가 그
특성에 맞게 구글 광고를 선택하여 자신의 사이트에 게재할 수
있는 구글만의 독특한 인터넷 광고 프로그램이다.

13. ______________는 구글직원들이 근무시간에 고유 업무 이외에
흥미가 있는 다른 뭔가에 투자할 수 있는 프로그램이다.

One Page Proposal 팀 프로젝트

구글 사례를 처음부터 끝까지 정독해서 꼼꼼히 읽어보도록 하자. 그리고 현재 당신이 속한 팀이 구글의 기획팀이라고 생각하고 구글의 최고경영자CEO인 에릭 슈미츠에게 제출할 강력하고 간결한 한 장의 기획서를 작성해 보자. 1 Page Proposal 양식의 예는 다음과 같다.

구글	
작성자 : 에릭 Jr.　　　팀원 : 세르게이, 래리, 도미노	
문제점/기회 분석	현재 사례 기업이 당면한 문제점이나 기회 요인을 분석하여 서술한다.
대안 도출	**대안1** 대안1의 제목을 기술하는 영역 **대안2** 대안2의 제목을 기술하는 영역
	내용 대안1의 내용을 기술하는 영역 **내용** 대안2의 내용을 기술하는 영역
	장점 대안1의 장점 기술하는 영역 **장점** 대안2의 장점 기술하는 영역
	단점 대안1의 단점 기술하는 영역 **단점** 대안2의 단점 기술하는 영역
최종안 선택	제시한 대안 중에서 한 가지를 선택한 후, 선정 근거를 기술한다.

* 대안 도출은 2개 이상 4개 이하로 하는 것이 효과적이다.

토의 문제

1. 구글의 창업자 래리 페이지와 세르게이 브린을 중심으로 한 인물 관계도를 작성해 보자.

2. 점과 점을 잘 연결해 보면 예기치 못한 순간에 섬광 같은 통찰력 flash of insight이 생기곤 한다. 그 중 일부는 좋은 아이디어로 변환되어 세상을 바꿀 때도 있다. 이러한 관점에서 구글을 바라본다면, 여러분은 오늘날의 구글로 존재하게 했던 구글의 섬광 같은 아이디어를 구성하는 점들은 무엇이라고 생각하는가?

3. 구글의 창업자인 래리 페이지와 세르게이 브린은 왜 자신들보다 18살이나 나이가 많은 에릭 슈미트를 영입하여 최고경영자의 자리에 앉혔을까? 이야기해 보자.

4. 구글의 CEO 에릭 슈미트의 처세에 대하여 이야기해 보자.

5. 구글이 자신들의 핵심 키워드로 주장하는 'Don't be evil'의 적용 사례를 조사해 보자. 그리고 분석해 보자.

6. 구글의 인터넷 광고 프로그램인 '애드워즈'와 '애드센스'에
   대하여 이야기해 보자.

7. 구글의 M&A_{Mergers and Acquisitions : 기업 인수 합병} 리스트를 만들어 보고
   분석해 보자.

8. 2007년 당시 마이크로소프트사의 CEO였던 스티브 발머는 구글
   을 "재주가 하나뿐인 조랑말"이라고 했다. 지난 5년 동안 변치
   않는 구글 수익원은 인터넷 광고인데, 그 비중이 무려 전체의
   98%를 차지한다는 의미이다. 그런데 에릭 슈미트는 바로 "그래
   도 나는 이 재주가 맘에 듭니다."라고 맞장구를 쳤다. 여러분은
   그런 구글의 미래를 어떻게 생각하는지 이야기해 보자.

인터넷광고의 이해

전통적인 광고 매체는 TV, 라디오, 신문, 잡지이다. 그런데 언제부턴가 네이버, 구글 등의 성공 이야기를 통하여 인터넷 광고가 세간의 관심을 받고 있다. 그런 인터넷 광고에 대하여 알아보도록 하자.

자기진단표

나의 인터넷광고 전문가 지수는 몇 점?

인터넷광고! 많이 들어보긴 했지만 인터넷광고 관련 책은 한 번도 읽어본 적이 없었다고요?
걱정하지 마세요. 책장을 넘기면 재미나는 인터넷광고 이야기가 흘러나오니까요. 인터넷광고 이야기를 읽다 보면 복잡한 비즈니스 세상 속에 흐르는 핵심 개념이 머리에 쏙쏙 들어와 쉽게 이해할 수 있어요.

먼저, 당신의 인터넷광고 전문가 지수부터 알아볼까요?

질문 1. 광고주가 키워드 1,000회 노출시 책정한 광고비를 지불하는 방식을 의미하는 용어는 무엇인가?

질문 2. 사용자가 검색어를 클릭하여 광고주의 웹사이트를 방문했을 경우에만 광고비를 지불하는 방식을 의미하는 용어는?

질문 3. 오버추어에 키워드 광고를 신청하면 광고는 어디에 게재되는가?

질문 4. 키워드 광고문구 안에서의 제목과 설명을 의미하는 영문 약어는 무엇인가?

질문 5. 네이버 광고를 운영하는 그린웹서비스 광고운영실의 사업장 위치는?

> **답**
>
> 1. CPMCost Per Millennium
> 2. CPCCost Per Click
> 3. 네이버, 야후 등 오버추어의 제휴 사이트들
> 4. T&DTitle & Description
> 5. 서울, 청주, 춘천 등

비즈니스를 성공시키는 효과적인 인터넷 광고 방법!

도서명 : 인터넷광고 기획 실무 스타일 가이드
지은이 : 이시환
출판사 : 비비컴

《인터넷광고 기획 실무 스타일 가이드》에서 이시환은 인터넷 쇼핑몰 운영자가 광고를 선택하고 분석하는 방법을 설명한다. 이시환은 인터넷광고의 전 과정을 체계적으로 정리하였으며, 검색광고에 대한 다양한 사례들을 컴퓨터 화면을 보여주면서 설명하고 있어서 초보자도 따라하기 쉬운 것이 특징이다.

특히, 자신이 직접 운영하는 쇼핑몰이 있다면 프로모션 활동을 통해 방문자를 어떻게 늘릴 것인지, 검색엔진 등록에 유의할 점은 무엇인지, 인터넷 쇼핑몰을 최적화해서 구매전환율을 어떻게 늘릴 것인지, 구매당 단가를 높이려면 어떤 활동을 해야 하는지 등 전략적인 광고 마케팅 방법에 대한 부분이 눈에 뜨일 것이다.

매체사이트 네이버

네이버는 인터넷광고가 주수익원이다. 네이버에는 디스플레이 광고, 키워드 광고, 지역정보 광고 등이 있다.

먼저 네이버의 디스플레이 광고를 살펴보면, 디스플레이 광고에는 리치미디어 광고, 스폰서십 광고 등이 있다. 여기서 리치미디어 광고는 다양한 표현기법을 사용하는 광고 형태인데, 네이버 홈 상단에 있는 배너나 오른쪽에 있는 브랜딩보드 등이 이에 해당된다.

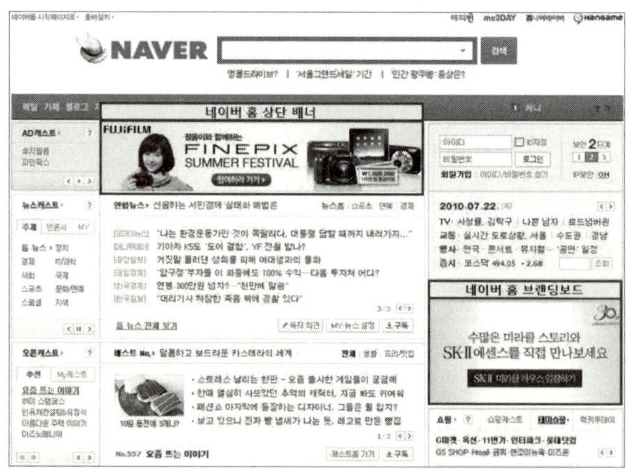

네이버 홈 광고 모습(2010년 7월 22일 접근)

삼성전자가 갤러시 S 스마트폰을 출시하면서 수행했던 다음과 같은 광고는 스폰서십 광고의 예이다.

네이버 스폰서십 광고 모습(2010년 7월 22일 접근)

한편, 네이버의 키워드 광고에는 클릭초이스, 타임초이스, 오버추어 스폰서링크 등이 있다. 다음은 키워드 광고의 주요 내용이다.

네이버 키워드 광고의 개요

광고상품명	구분	설명
클릭초이스	노출위치	통합검색 탭 결과 페이지 파워링크/비즈사이트 영역, 기타 검색탭 페이지 결과 상단 영역, 광고더보기 결과 페이지
	노출방식	키워드별로 최대 클릭 비용과 품질지수를 고려하여 산출된 광고 순위에 따라 통합검색 탭 결과에 5개는 반드시 파워링크 영역에 노출되고, 노출순위 6위부터는 비즈사이트 광고 게재를 선택한 순서대로 비즈사이트 영역에 5개 또는 10개의 광고가 노출 파워링크 영역 노출 여부

		중복과 관계 없이 검색 탭 및 광고더보기 광고 게재를 선택한 경우, 순서대로 검색 탭 영역은 3개, 광고더보기 영역은 최대 50개의 광고가 노출
	광고비	클릭이 발생했을 때만 광고비를 지불하는 CPC(Cost Per Click) 과금 방식
타임초이스	노출위치	통합검색 결과 페이지 파워링크 하단 플러스링크 영역
	노출방식	키워드별 입찰 결과에 따라 노출 순위 책정, 최대 5개까지 노출
	광고비	광고 노출 약속 단위 기간인 7일마다 입찰을 통하여 결정된 광고비를 지불하는 CPT 과금 방식

키워드 광고 사례를 살펴보려면, 먼저 네이버에서 키워드 검색을 수행하여야 한다. 다음은 '강남꽃배달'에 대한 검색결과 중 일부인데, 파워링크와 비즈 사이트가 클릭초이스 광고다.

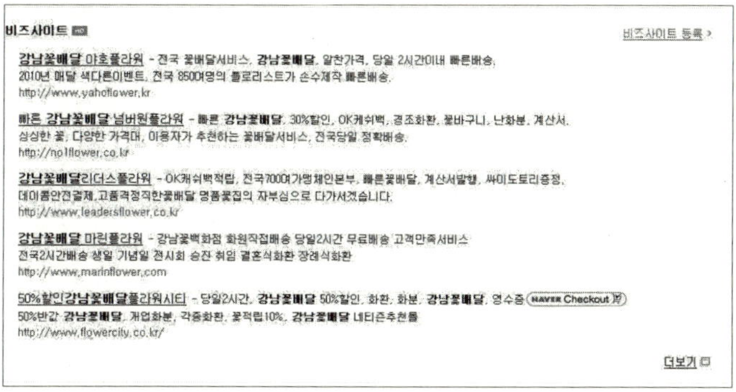

클릭초이스 광고 사례(2010년 7월 22일 접근)

그리고 플러스 링크는 타임초이스 광고에 해당된다.

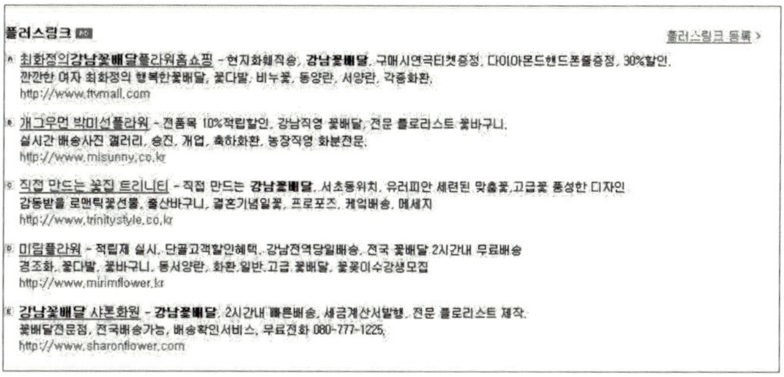

타임초이스 광고 사례(2010년 7월 22일 접근)

네이버 광고의 운영

인터넷광고의 직무는 인터넷 매체를 이용하여 명시된 광고주가 행하는 상품이나 서비스에 대한 정보를 전달하고 해당 상품이나 서비스가 잘 팔리도록 촉진하는 일을 하는 것이다. 인터넷광고의 직무

모형은 다음과 같다. 여기서 음영을 넣은 부분은 네이버 광고를 운영하고 있는 그린웹서비스 광고운영실의 핵심작업들Key Tasks이다.

A 포괄적 계약	A-1 연간광고계획 수립하기	A-2 연간광고 계약하기		
B 광고기획 및 제작	B-1 캠페인 기획안 작성하기	B-2 광고제작물 만들기		
C 매체기획 및 집행	C-1 검수 및 편집 기준 정립하기	C-2 매체 집행안 심사하기	C-3 광고제작물 검수하기	C-4 인터넷광고 모니터링 하기
D 집행보고 및 효과 평가	D-1 매체집행결과자료 작성하기	D-2 매체집행보고서 작성하기	D-3 광고효과보고서 작성하기	
E 고객만족	E-1 광고비 회계처리하기	E-2 요청/문의사항 처리하기		

인터넷광고 직무모형

그린웹서비스의 광고운영실은 서울은 물론 청주와 춘천 등에 위치하고 있다. 광고운영실은 온라인광고운영팀, 검색광고운영팀, 광고운영품질관리팀 등의 팀 체제로 다음과 같은 광고 운영업무들을 수행하고 있다. 여기서 온라인광고운영팀은 DA파트, 광고운영지원파트, 운영기준파트로 구성되어 있고, 검색광고운영팀은 CPCCost Per Click광고파트와 CPMCost Per Millennium광고파트로 구성되어 있다. 여기서 CPC는 사용자가 검색어를 클릭하여 웹사이트를 방문한 경우에만 광고비를 지불하는 방식인 반면에 CPM은 키워드 1,000회 노출시 책정한 광고비를 지불하는 방식을 의미한다.

그린웹서비스 광고운영실의 주요 업무 내용

업무	상세내역	비고
검수	• T&D(Title & Description, 키워드 광고문구 안에서의 제목과 설명) • 연관성 • 콘텐츠(불법여부, 품질) • (DA파트)에서는 플래시 소재	인원규모가 가장 큼
CS	• 상품/세금계산서 관련 • 광고주 요청 & 문의사항 처리	
모니터링	• 광고 갱신 정상여부 • 언론 브리핑 • 식품의약품안전청, 한국소비자원 등 공신력 있는 기관 공문 & 공지 • 성인, 사행성, 의료, 금융, 쇼핑 등 위험이 높은 업종	• TV 소비자불만제로 등의 내용도 모니터링 함 • 19세 이상만 볼 수 있는 성인광고 모니터링은 남성 직원만 배치하며, 새벽에도 모니터링 함
기준정립	• 검수 및 편집 기준 정립 • 이슈 발생시 법률적 검토	• 온라인 배경지식이 많은 것이 중요함

그린웹서비스의 광고운영실은 이런 업무들을 성공적으로 수행하기 위하여 신입사원 채용시 다음과 같은 조건들을 요구하고 있다.

그린웹서비스 광고운영실의 신입사원 요구조건

조직 구분	공통사항	세부사항
DA파트	검색관련 아르바이트, 중소기업에서 DB 입력내지 상담 작업, 용산PC조립 등 관련 업종 아르바이트 경험자 우대	포토샵, 플래시, 일러스트 사용 가능자 우대
CPC광고파트와 CPM광고파트		인터넷에 대한 전반적인 지식

때에 따라서는 강남 꽃 배달 검색결과에 대한 A4지 5장 분량 이상의 분석 보고서를 요구하기도 한다. 또한 해외자료 수집 및 분석이 가능한 어학능력 보유자가 일정수준 이상의 성과를 낼 경우에 유리할 수 있다.

광고주 더센스

인터넷쇼핑몰 더센스옴므 소개

더센스는 다음과 같이 남성 수제화만을 전문적으로 취급하는 더센스옴므www.thesense.co.kr라는 이름의 인터넷 쇼핑몰을 운영하고 있다. 현재 더센스의 광고 전략은 네이버의 '플러스프로'를 주로 하고 있으며, 성수기에 오버추어를 통한 네이버의 스폰서링크를 추가하는 형태를 취하고 있다.

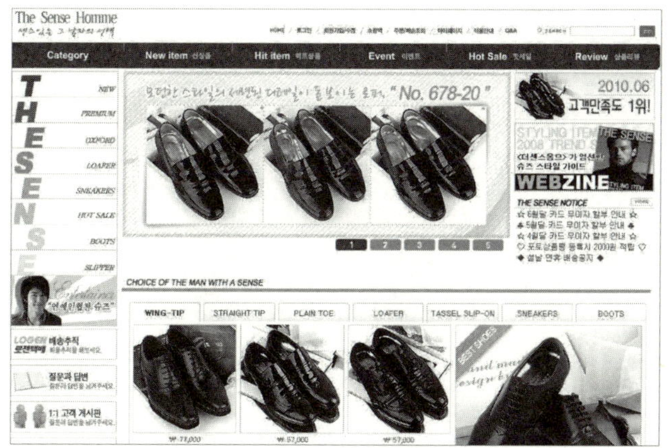

더센스오므 메인페이지 모습(2010년 7월 22일 접근)

더센스의 네이버 광고 사례

네이버의 '플러스프로' 광고 구매는 광고주가 원하는 키워드가 사용 가능한 상태이어야 한다. 키워드 검색 결과는 현재 해당 키워드에 대한 상태정보를 보여준다. 다음은 광고주 더센스의 키워드 '남성구두'에 대한 키워드 검색 결과이다.

더센스의 네이버 광고구매(2009년 1월 9일 접근)

네이버는 광고주에게 다양한 보고서를 제공하고 있다. 다음은 그
중에서 광고주 더센스에 대한 플러스프로 요약 보고서 및 일일 보
고서의 모습이다.

더센스의 네이버 광고관리(2009년 1월 9일 접근)

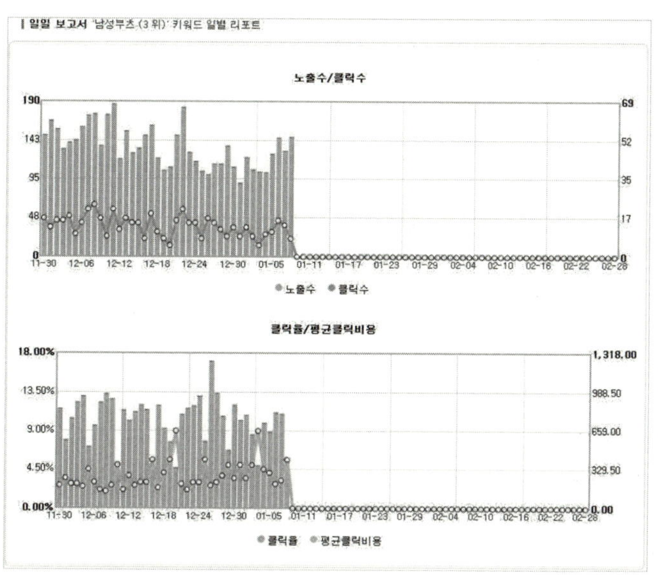

더센스의 네이버 광고효과보고서(2009년 1월 9일 접근)

더센스의 오버추어 광고 사례

더센스 같은 광고주가 오버추어에 키워드 광고를 신청하면, 더센스의 광고는 오버추어와 제휴되어 있는 네이버, 야후 등의 사이트에 게재된다. 오버추어 광고는 키워드 광고이기 때문에 과금은 CPC 방식이며, 광고 게재는 네이버의 경우 키워드 검색결과 화면에서 '스폰서 링크' 부분에 키워드 별로 순위가 높은 5개 사이트가 나타난다.

오버추어는 광고를 출력 순서를 키워드의 입찰가와 광고품질에 따라 단순하게 결정하고 있다. 광고주는 오버추어의 캠페인 탭에서 키워드를 선택할 수 있다. 캠페인 탭에서는 키워드뿐만 아니라 캠페인의 지출 한도 및 캠페인 기간 등도 설정할 수 있다. 다음은 더센스의 캠페인 탭 모습이다

더센스의 오버추어 캠페인(2009년 1월 9일 접근)

오버추어 보고서는 성과 보고서와 재무보고서로 나뉜다. 전자는 성과 요약 보고서, 광고문구 성과, 일일 성과 보고서, 키워드 성과 보고서, 광고지역 성과 보고서, 일일 지출 성과 보고서, URL 성과 보고서 등으로 구성되어 있다. 후자는 월간 재무보고서, 요금청구 거

래 상세 보고서로 구성되어 있다. 다음은 그런 보고서들 중 더센스
의 성과요약보고서 모습이다.

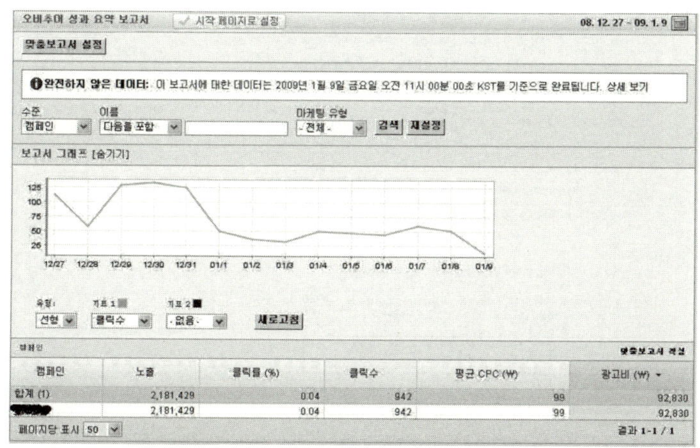

더센스의 오버추어광고 성과요약보고서(2009년 1월 9일 접근)

더센스의 인터넷광고 후 네이버 검색결과

다음은 더센스가 네이버에서 플러스프로 광고 프로그램을 진행하
는 동안 '남성구두'라는 키워드에 대한 검색결과의 모습이다.

더센스의 네이버 검색 결과(2009년 1월 9일 접근)

'남성구두전문 더센스'가 플러스프로 영역의 세 번째 줄에 노출된
것을 볼 수 있다.

1. 네이버의 _______________ 광고에는 리치미디어 광고, 스폰서십 광고 등이 있고, _______________ 광고에는 클릭초이스, 타임초이스, 오버추어 스폰서링크 등이 있다.

2. _______________는 사용자가 검색어를 클릭하여 웹사이트를 방문한 경우에만 광고비를 지불하는 방식인 반면 ____________은 키워드 1,000회 노출시 책정한 광고비를 지불하는 방식이다.

3. 인터넷 광고에서 _______________는 키워드 광고문구 안에서의 제목과 설명을 의미하는 용어이다.

4. 광고주가 _______________에 키워드 광고를 신청하면, 광고주의 광고는 제휴되어 있는 네이버, 야후 등의 사이트에 게재된다.

현대 사회는 ‘T형 인간’을 요구한다. T형 인간이란 한 분야에 대한 깊은 전문지식을 갖춘 동시에 혁신 및 기업가정신에 관한 폭넓은 지식도 겸비한 인간을 말한다.

래리 페이지와 세르게이 브린은 자신들이 좋아하는 기술에 집중하는 대신에 에릭 슈미트를 CEO로 영업하여 제대로 기능하지 못하는 경영시스템을 맡겼다.

이것은 자신만의 핵심역량을 확보하면서 그 역량을 확장할 수 있는 관계에 대한 통찰력을 의미하는 것이다.

3부를 끝내며 한마디, ‘핵심역량에 집중하라!’.

국내 포털 소개

한메일넷과 다음 카페 시대

연세대학교 전산학과 86학번 출신인 이재웅은 프랑스 유학을 다녀온 후 1995년 2월에 자본금 5,000만원으로 다음커뮤니케이션을 설립하였다.

자료원 : http://news.naver.com/main/read.nhn?oid=018&aid=0000252064

다음 설립자 이재웅의 모습

다음커뮤니케이션은 1997년 5월에 '평생 무료 인터넷 메일서비스를 드려요!'라는 캐치프레이즈를 내걸고 한메일넷www.hanmail.net 서비스를 시작하였다. 한메일넷은 네티즌들에게 폭발적인 인기를 얻었고, 그 결과 1998년 12월에 가입자 1백만명을 돌파하였다.

이후 다음커뮤니케이션은 야후코리아의 아성을 공략하기 위하여 검색기술개발에 한창인 네이버와 협력하는 등 다각도로 노력하였다. 네이버 검색엔진을 달고 있는 한메일넷의 검색코너는 다음과 네이버의 협력 관계를 잘 드러내는 모습이라 할 수 있다.

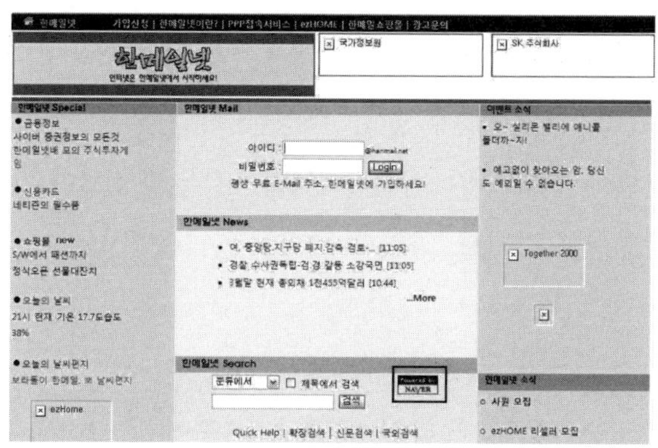

자료원 : http://oojoo.tistory.com/37

한메일넷 1999년 모습

다음은 기존의 무료 이메일 서비스 한메일넷과 더불어 1999년 5월 서비스를 시작한 다음 카페를 기반으로 2000년 상반기부터 야후코리아를 제치고 국내 포털 시장 1위에 올라섰다. 이후 다음은 2년 넘게 1위를 유지하였지만, 다음은 서비스 이용자가 많아질수록 광고 수익보다 더 크게 증가하는 서비스 운영 비용에 골머리를 앓고 있었다.

다음은 이런 문제를 타개하기 위하여 2001년 6월에 하루에 1,000통 이상의 메일을 발송할 경우 1통당 10원 정도의 우편료를 내야 하는 온라인 우표제 정책을 발표하였다. 그러나 많은 인터넷 사이트들이 이에 반발하여 다른 메일주소로 전환하는 운동 등을 전개해 나갔다.

다음은 2003년에 미디어, 온라인 채용, 온라인 광고 대행사, 온라인 보험, 쇼핑, 게임, 솔루션 등 다양한 사업을 시도하였고, 2004년 7월 일본에 합작사인 타온을 설립, 같은해 8월에 라이코스를 1,100억원에 인수하기도 하였다. 그러나 다음의 수익성은 개선되지 않았다.

다음은 2005년 6월에 온라인 우표제를 공식 철회하였지만, 한번 떠난 다음 메일 사용자들은 돌아오질 않았다. 그 결과, 2000년 초 다음 메일 서비스의 시장 점유율은 70% 정도였으나, 2006년에는 50%에도 채 미치지 못했다.

네이버 지식인 시대

네이버 역사

이해진을 말하지 않고 네이버를 논할 수 없다. 그래서 네이버의 역사는 이해진에 대한 이야기로 시작한다.

네이버 설립자 이해진의 모습

이해진은 1967년 6월 22일생이다. 그는 1986년에 상문고등학교를 졸업하였고, 1990년에 서울대학교 컴퓨터공학과를 졸업하였다. 그는 1992년에 한국과학기술원KAIST 전산학 석사학위를 취득한 후 바로 삼성SDS에 입사하였다.

이후 이해진은 평범한 대기업의 샐러리맨으로 생활하였지만, 퇴근을 늦게 하는 한이 있더라도 하루 2시간을 업무 이외의 자기계발에 투자하는 것을 게을리 하지 않았다. 그러던 중 이해진은 1996년에 삼성SDS가 실시한 한계도전 프로젝트에 후배사원 3명과 함께 '웹글라이더 팀'으로 참여하여 근거리통신망LAN에서의 채팅기술을 1년 동안 자유롭게 연구하였다.

이해진은 그 경험이 계기가 되어 인터넷 검색 분야에 대한 확신을 갖게 되었고, 곧바로 검색엔진 개발을 시작하였다. 이후 이해진은 1997년 10월에 한계도전팀원 6명과 함께 삼성SDS 사내벤처 1호인 네이버Naver를 시작하였다. 여기서 네이버라는 이름은 '항해하다'라는 뜻의 Navigate와 사람을 의미하는 접미사 er의 조합어인 인터넷의 항해자Navigator라는 의미를 가지고 있다. 당시는 야후코리아가 1997년 9월에 검색 기반 서비스를 시작한 후 단숨에 국내 포털시장 1위를 차지했던 상황이었다.

자료원 : http://trend25.tistory.com/2630590

네이버 1999년 모습

이해진은 1999년 6월에 자본금 5억원의 독립법인 '네이버컴'을 설립하면서 네이버의 정식 서비스www.naver.com를 시작하였다. 당시 자본금은 이해진 30%, 벤처캐피털인 한국기술투자KTIC 24%, 삼성 SDS 20%, 나머지 26%는 참여 멤버들의 몫이었으며, 이해진의 삼성SDS 직급은 '대리'였다. 한국기술투자는 같은 해 100억원의 자금을 더 투자하였다.

274

네이버컴은 2000년 5월에 네이버 뉴스 서비스news.naver.com를 시작
하였고, 같은 해 7월에 서울대학교 산업공학과 86학번 출신이면서
1992년 삼성SDS 입사동기인 김범수가 1998년 11월에 설립한 한게
임커뮤니케이션을 흡수 합병하면서 이해진, 김범수의 공동대표 체
제를 시작하였다.

자료원 : http://www.etnews.co.kr/news/detail.html?id=201002220222

한게임커뮤니케이션 설립자 김범수의 모습

네이버컴은 2000년 8월에 이미지, 뉴스, 웹 문서 등을 검색해 그
결과를 항목별로 보여주는 방식의 네이버 통합 검색 서비스를 세계
최초로 시작하였지만, 그 당시 검색 대상 한글 웹 문서가 많지 않
아서 그다지 빛을 보지는 못했다.

네이버컴은 2001년 9월 14일에 회사 이름을 기존의 대표 브랜드인
포털 사이트 네이버Naver와 게임 사이트 한게임Hangame을 연상시키
기도 하는 NHNNext Human Network으로 변경하였다. NHN은 2002년

10월에 코스닥 시장에 등록하여 매매를 시작하는 동시에 네이버는 지식인지식iN이라는 이름의 지식검색서비스를 시작하였다. 네이버의 지식검색서비스가 공전의 히트를 치자, 통합검색도 비로소 빛을 발하기 시작했다.

삼성SDS 사내벤처로 시작한 NHN의 네이버는 창립 2년 만인 2001년에 다음, 야후에 이어 3위에 오르더니, 2002년엔 야후를 제치고 2위가 되었다. 그리고 2002년 10월에 지식인 서비스를 제공하면서 2003년 이후에는 줄곧 1위 자리를 지키고 있다. 다음은 12주간의 인터넷 이용 트래픽 데이터를 바탕으로 사이트의 순위를 발표하는 랭키닷컴www.rankey.com의 2010년 8월 순위 정보이다.

전체 순위 ▼	사이트 / 섹션 명 ▼	소분류 명 ▼	중분류 명 ▼	전체 점유율 ▼	도달율 ▼	일평균 방문자 수 ▼	일평균 페이지 뷰 ▼	일평균 시간당 방문자 수 ▼	세부 정보
1-	네이버	종합포털	종합포털	회원	회원	회원	회원	회원	보기
2-	다음	종합포털	종합포털	회원	회원	회원	회원	회원	보기
3-	네이트	종합포털	종합포털	회원	회원	회원	회원	회원	보기
4-	싸이월드	커뮤니티 포털	커뮤니티 포털	회원	회원	회원	회원	회원	보기
5-	G마켓	오픈마켓	종합쇼핑	회원	회원	회원	회원	회원	보기
6-	옥션	오픈마켓	종합쇼핑	회원	회원	회원	회원	회원	보기
7-	야후코리아	종합포털	종합포털	회원	회원	회원	회원	회원	보기

자료원 : http://www.rankey.com/rank/rank_site_all.php

랭키닷컴 전체 사이트 순위 정보

특정 분야의 질문답변QnA 사이트가 대세였던 당시에 인터넷 한겨레는 nKorea의 아나이스Ahnice를 벤치마킹하여 다양한 분야의 질문답변이 가능한 DBDIC 사이트www.dbdic.com를 개발하여 9월 21일부터 31일까지 서비스 기간을 가진 뒤 2000년 10월 1일부터 정식 서비스를 시작했다. 여기서 DBDIC은 데이터베이스Database의 줄인 말인 DB와 사전Dictionary의 줄인 말인 DIC의 조합어이다.

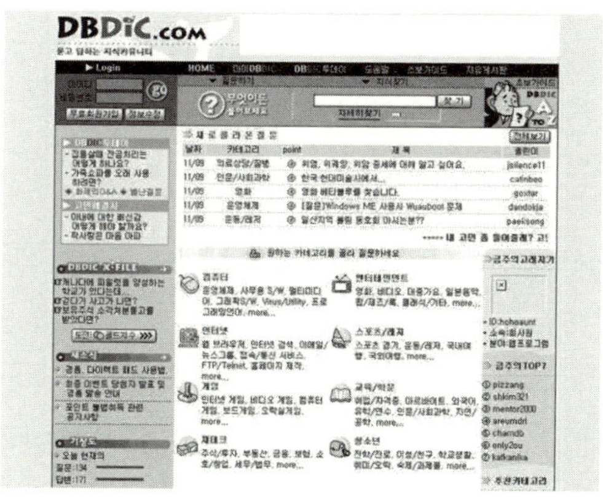

자료원 : http://www.itooza.com/common/iview.php?no=20090102042706789146

DBDIC 2000년 모습

네이버는 네티즌이 궁금한 점을 올려 놓으면 이에 대한 답변을 다른 네티즌이 해주는 형식인 DBDIC과 유사한 형태의 지식검색 서비스 지식인을 2002년 10월부터 시작하였다. 네이버의 지식인 서비스는 2002년 12월에 28%의 시장 점유율을 기록하여 1위로 올라서는 계기가 되었다. 이후 네이버는 성장을 거듭하여 2004년 이후 시장 점유율 69%로 검색 서비스 분야에서 2위 다음을 멀리 따돌리고 부동의 1위 자리를 고수하고 있다.

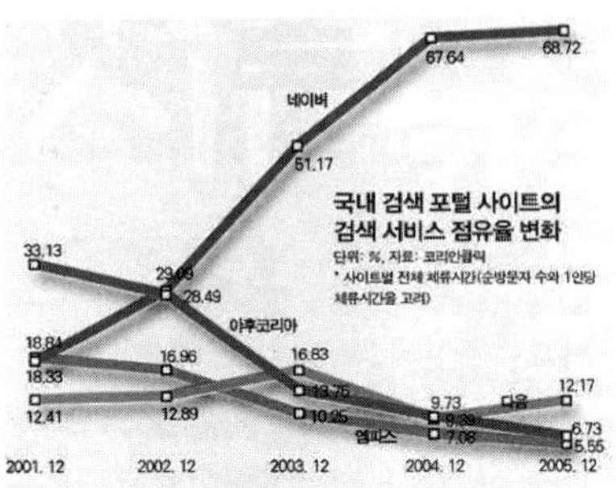

자료원 :
http://img.hani.co.kr/section-kisa/2006/01/18/021000000120060118594_13_3.jpg

국내 검색 포털 사이트의 검색 서비스 점유율 변화

이후에 엠파스www.empas.com를 운영하던 지식발전소가 2003년 2월 인터넷 한겨레의 DBDIC을 인수하여 엠파스 사이트에서 지식거래소라는 이름으로 서비스를 제공하였으나, 네이버를 따라잡기에는 역부족이었다.

트위터 소개

트위터란?

트위터Twitter는 미국 샌프란시스코 지역에 있던 벤처기업인 오비어스코프Obvious Corp.에서 개발하여 2006년 7월 13일에 정식 서비스를 시작한 소셜 네트워크 서비스Social Network Service: SNS 겸 마이크로 블로그 서비스이다. Twitter란 영어단어가 '(작은) 새가 지저귄다'라는 의미이기 때문에 재잘거리는 온라인 수다공간 정도로 생각하면 쉽다.

트위터를 사용하기 위해서는 먼저 www.twitter.com에 접속하여 자신에 대한 몇 가지 정보를 입력하여 계정을 만들어야 한다. 이후 트위터 사용자는 웹에 직접 접속하지 않더라도 휴대폰을 이용한 단문 메시지로 자유롭게 글을 올리거나 읽을 수 있다. 트위터 사용자는 그런 간단한 규칙을 통하여 다른 사용자들과 관계를 맺기도 하고 지속하기도 한다.

다음 표는 처음 트위터를 사용하기 위하여 알아야 할 기본 용어들이다.

구분	용어	의미
트위터 준비	트위터리안 (Twitterian)	트위터 사용자 또는 트위터를 즐기는 사람을 일컫는 말
	팔로잉 (Following)	추종자, 팬을 의미하며, 싸이월드의 일촌맺기와 비슷한 개념임. 단, 상대방의 동의를 구할 필요가 없으며 상대방도 블록(Block)으로 제재할 수 있다는 점이 다름
	팔로어 (Follower)	팔로잉의 반대 개념으로, 등록수신자를 의미함
트위터 시작	타임라인 (Time Line)	트위터 홈페이지에서 Home을 누르면 보이는 것으로, 시간의 흐름에 따라 팔로잉을 한 트위터의 트윗이 보이는 방식
	트윗 (Tweet)	'What's happening?' 입력란에 작성하여 자신의 팔로어들에게 말을 하는 것
	리플라이 (Reply: 대답)	상대방의 말에 대답하거나 응답할 때 [@+상대방 아이디]를 글 맨 앞에 넣어서 사용
	멘션 (Mention: 언급)	누군가를 언급하려 할 때 [@+상대방 아이디]를 글 사이에 넣어서 사용
	리트윗 또는 알티 (Retweet: RT)	자신이 받은 다른 트위터의 트윗을 재전송하는 것으로서, 트위터의 핵심기능임
	쪽지 (Direct Message: DM)	자신을 팔로잉하고 있는 해당 팔로어에게만 트윗을 보내는 것으로서, 팔로잉/팔로어 관계의 트위터끼리 사적인 내용을 교환할 때 주로 이용함

트위터의 탄생 : "지금 뭐해?"

잭 도시Jack Dorsey가 2000년 5월 31일부터 7월 사이에 자신의 노트
에 끄적거렸던 STAT.US라는 도메인네임의 아래 그림과 같은 스케
치를 바탕으로 만든 새로운 아이디어를 내놓았다.

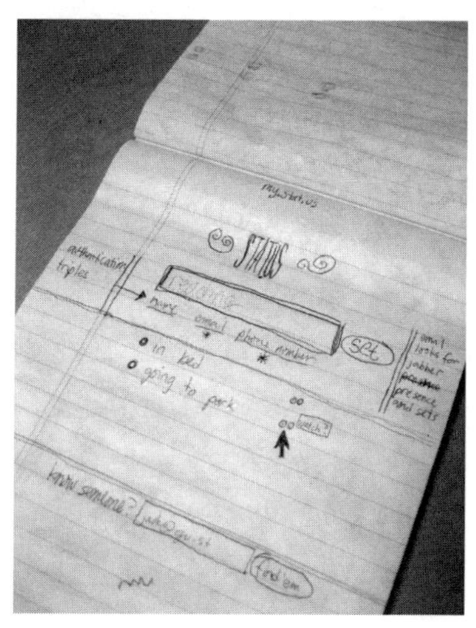

자료원 : http://www.flickr.com/photos/jackdorsey/182613360/sizes/l/in/photostream
잭 도시의 트위터 화면 스케치

잭 도시의 새로운 아이디어는 친구들이 전화할 때마다 "지금 뭐해
What are you doing?"라고 물어보는 것에서 힌트를 얻은 것으로, 자신의
상태를 휴대폰 단문서비스Short Message Service: SMS로 친구들에게 알리
는 웹 서비스였다.

잭 도시가 그런 아이디어를 제시하자, 이미 1999년에 블로거닷컴 blogger.com을 개발하여 구글에 매각한 경험이 있던 에반 윌리엄스 Evan Williams가 단 두 달 만인 2006년 3월에 잭 도시의 아이디어를 구체화한 베타 버전을 만들어냈다.

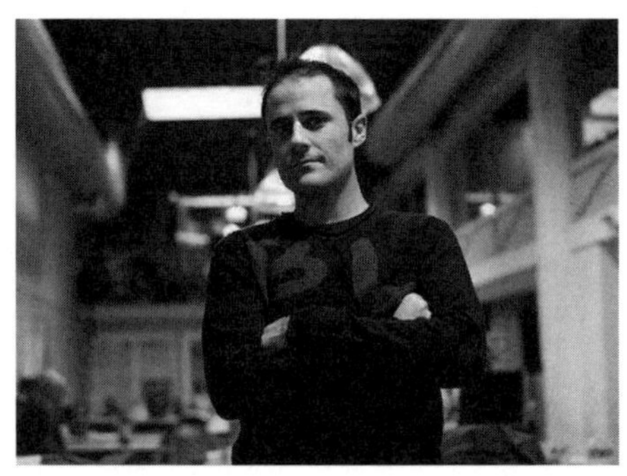

자료원 : http://www.flickr.com/photos/joi/2118601809/sizes/o/in/photostream

에반 윌리엄스 모습

그들은 2006년 7월 13일에 140자 이내의 짧은 글로 소통하는 미니 블로그인 자신들의 새로운 서비스를 '작은 새가 지저귄다'라는 뜻을 가진 Twitter라는 이름으로 정식 서비스를 시작하였다. 여기서 트위터란 작명은 새 메시지가 왔을 때 주머니 속에서 울리는 휴대폰의 진동을 연상시키는 단어를 찾다가 발견한 것이라고 한다.

트위터의 성장 : 버락 오바마의 대선 홍보

버락 오바마는 당내 대선후보 경선과 2008년 11월 미국 대통령 선거에서 트위터를 이용한 홍보 전략으로 젊은 유권자들에게 크게 어필하여 조직의 미약함을 극복하였다. 당시 버락 오바마의 팔로어Follower는 13만 명에 달한 반면에 매케인 공화당 후보는 5천 명에 불과하였다. 버락 오바마는 미국의 첫 흑인대통령이 된 다음에도 트위터를 통하여 자신의 연설 일정을 알리거나 건강보험 개혁 등 정책 지지를 호소하고 있다. 현재 버락 오바마의 트위터twitter.com/BarackObama 팔로어는 약 474만 명 정도2010년 8월 5일 기준로 늘었으며, 이는 389만 명의 오프라 윈프리twitter.com/Oprah나 307만 명의 머라이어 캐리twitter.com/MariahCarey보다도 많은 수치이다.

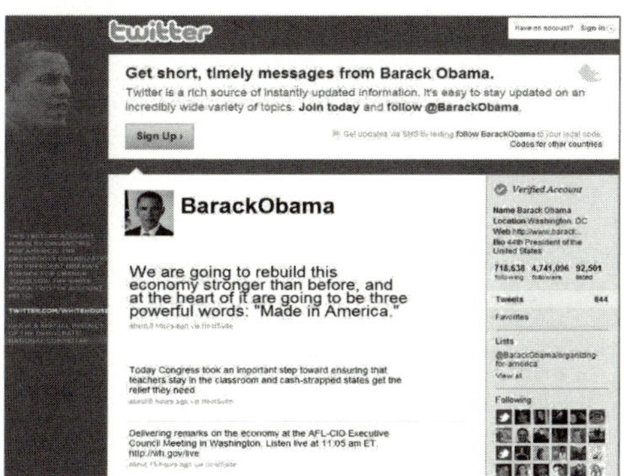

자료원 : http://twitter.com/BarackObama

미국 대통령 버락 오바마Barack Obama 트위터 모습

국내에서도 2010년 8월 5일 기준으로 30만 명이 넘는 팔로어가 있는 소설가 이외수의 트위터twitter.com/oisoo, 22만 명 정도의 피겨스케이트선수 김연아 트위터twitter.com/Yunaaaa, 10만 명 정도의 김주하 앵커 트위터twitter.com/kimjuha 등이 트위터 대중화를 선도하고 있다.

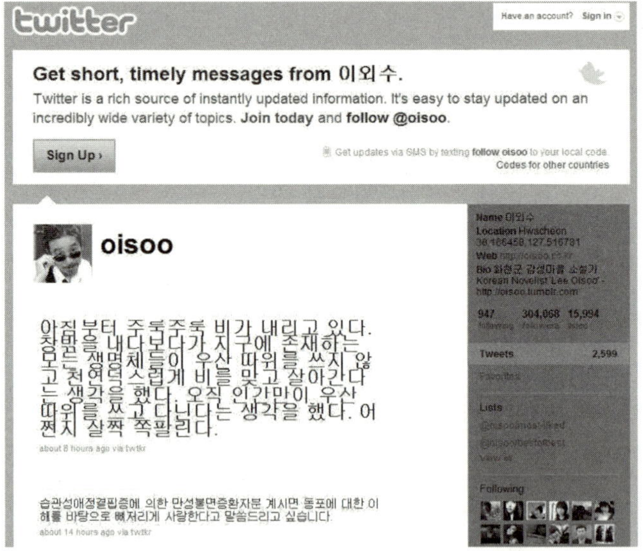

자료원 : http://twitter.com/oisoo

소설가 이외수 트위터 모습

트위터의 활용

2009년 1월 미국 허드슨강에 US에어웨이의 비행기가 비상착륙하는 사건이 발생하였다. 그런데 이 사건은 트위터가 뉴욕타임즈보다 15분이나 더 빨리 외부에 알렸다. 그것은 당시 항공기의 승객 중

한 사람이 휴대폰으로 비행기 추락사고 소식을 자신의 트위터에 올림으로써 가능했다. 이 사건에서 알 수 있듯이 트위터의 가장 큰 장점은 실시간 정보공유이다.

각 개인들은 그런 트위터의 특성을 개인적인 가치를 창출하는 도구로 활용하기 시작하였다. 다음 사례를 살펴보자.

칠순을 앞둔 김수현 작가는 트위터를 쌍방향 집필의 도구로 활용하고 있다. 김작가는 2010년 7월 21일에 자신의 트위터에 "20대 연인들 데이트를 어떻게 하는지, 뭘먹고 어디를 가고 화제는 어떤 것들인지…. 헬프미"라는 글을 올렸다. 이후 팔로어들이 바로 단 답글을 이용하여 사랑과 결혼에 대한 신세대의 감정을 밀도있게 그려 나간 '인생은 아름다워'라는 주말극 대본을 완성하였다.
가수 보아는 트위터를 팬들과의 소통 도구로 활용하고 있다. 보아는 2010년 7월 25일에 자신의 트위터에 "오늘 마지막 녹음 날.. 아..ㅠㅠ"라는 글과 함께 피곤한 모습의 사진을 함께 올렸다. 또한 '하루하루'라는 곡에 대한 영어 제목 작명을 자신의 트위터를 통하여 요청하기도 하였다. 팔로어들은 이에 답글을 달기도 하면서 보아의 새로운 앨범과 복귀를 반기고 있다.
배우 김현아는 트위터를 영화 홍보의 도구로 활용하고 있다. 김현아는 영화 관객이 적어 안타까운 마음에 2010년 7월 12일부터 자신의 트위터에 '맨발의 꿈' 번개 모임을 제안하기 시작하였다. 그러자 조기종영 예정이었던 영화가 일부 상영관에서는 연장 상영되기도 했다.

기업들도 트위터를 통하여 자사 신상품에 대한 소비자 반응 확인이나 소비자와의 소통 도구등으로 활용하려는 시도를 하고 있다. 다음 사례들을 살펴보자.

SK텔레콤은 자사 트위터의 팔로어들에게 휴대폰 신제품 출시계획을 제일 먼저 공개하는 속보 마케팅을 하는가 하면, 인터넷 서점 예스24는 자사 트위터를 통해 매일 오후 2시 4분에 책 관련 질문을 하여 가장 먼저 정답을 맞춘 팔로어에게 해당도서를 선물로 보내주는 퀴즈 이벤트를 펼쳤다. 또한 한국피자헛은 "2시간 후부터 시식권을 드리는 퀴즈이벤트 진행할게요"라는 짧은 공지를 트위터에 올린 후 제품 관련 퀴즈나 게임을 진행하는 깜짝 게릴라Guerrilla 이벤트를 전개하여 시선을 사로잡고 있다.

트위터의 이슈

KBS 방송문화연구소의 2010년 인터넷 설문조사 결과에 의하면, 국내 트위터 이용자 중 절반 이상은 단지 10명 미만의 팔로어와 연결되어 있는 것으로 나타났다. 이처럼 트위터의 규모가 아직 성숙되지 않았는데도 불구하고, 최근 여러 가지 이슈들이 발생하고 있다.

첫 번째 이슈는 트위터를 이용한 악성코드 유포 문제이다. 이스트소프트는 2010년 7월에 감염 PC를 좀비 PC로 만들어 공격자의 추가 공격 명령을 기다리게 설계하여 트위터를 통해 유포되는 악성코드를 발견했다고 밝혔다.

두 번째 이슈는 트위터를 통한 사생활 노출 문제이다. 영국 일간지 텔레그래프는 2010년 7월 21자 인터넷판에서 범죄자 중 일부가 "저는 오늘부터 2박3일로 제주도 여행을 떠나요" 등 최신 개인정보를 본인이 끊임없이 올리는 트위터의 특성을 이용하여 목표 대상에 대한 사전 정보를 수집하고 있다고 보도했다. 이것은 무심코 트위터에 남긴 글이 범죄의 표적이 될 수 있음을 의미한 것이다.

세 번째 이슈는 누구나 쉽게 만들 수 있는 트위터 계정 등으로 인한 사칭 문제이다. 브라운아이드걸스 멤버 나르샤를 사칭한 한 이용자가 가짜 나르샤 트위터에 Free 5785 계정의 트위터에 있던 "독도가 일본 고유영토인데, 한국정부가 불법점유하고 있다"는 글과 사진을 재배포하였다.

최근에는 트위터에 올린 글로 인하여 20년간 근무해온 직장에서 해고되는 사례도 발생하였다. 미국 CNN 방송에서 20년간 근무해온 중동담당 편집장 옥타비아 나스르Octavia Nasr가 2010년 7월 4일에 강경 무장정파 헤즈볼라의 정신적 지도자로 알려진 모하메드 후세인 파드랄라의 사망과 관련하여 "내가 많이 존경하는 파드랄라의

부고 소식을 들어 슬프다"라는 글을 트위터에 올렸다가 해고되었
다. 모하메드 후세인 파드랄라는 미국이 1995년부터 테러리스트
명단에 올려놓은 인물이었다.

여러분! 넷플릭스Netflix, 애플Apple, 구글Google로 이어진 짧지 않은 여정은 즐거우셨나요? 혹시 바쁜 일상에 잠시 짬을 내서 지난 여행들의 추억을 떠올린다면 제일 먼저 생각이 나는 것은 무엇인가요? 저자는 세 개 기업 모두 청바지에 티셔츠를 입은 직원들이 무언가에 집중하고 있는 모습입니다. 그런 모습은 커다란 건물 안에서 멋진 넥타이를 매고 점잖게 일하는 역사와 전통의 GE나 IBM과 같은 기존 기업과는 사뭇 다른 모습이죠!

그러나 Netflix, Apple, Google이 제공하는 그런 모습의 이면에는 회사에 대한 지독한 사랑을 암묵적으로 요구하는 CEO의 무서운 진실이 내재돼 있습니다. 그것은 직원들에게 한계를 넘나드는 집중력을 보일 수 있는 환경을 제공함으로써 엄청난 성과가 나오기를 내심 바랐던 것이죠.

한편, 세 기업의 이름Netflix, Apple, Google에서 첫 글자만 따서 조합해보면, 늙은 말이나 낡은 자동차라는 의미도 있는 NAG라는 단어가 됩니다. 이건 농담이지만, 현재 상황은 넷플릭스, 애플, 구글을 맹렬하게 쫓고 있는 기업들이 속속 나타나고 있습니다.

그 대표적인 추격자들은 2004년 2월에 소셜 네트워크 웹사이트를 개설한 페이스북Facebook, 2006년 3월에 미국 소셜 네트워킹 및 마이크로 블로그 서비스를 시작한 트위터Twitter, 2009년 3월에 설립하여 위치 기반 모바일 소셜 네트워크 서비스를 제공하는 포스퀘어Foursquare 등 입니다. 추격자들 중에서 가장 최근에 나타난 포스퀘어를 살펴보도록 합시다.

포스퀘어란

포스퀘어Foursquare는 데니스 크로울리Dennis Crowley와 네이빈 셀버두레이Naveen Selvadurai가 2009년 3월에 설립한 위치정보 기반의 모바일 소셜 네트워킹 서비스Location Based Mobile Social Networking Service 기업이다.

자료원 :
http://www.businessinsider.com/how-to-use-foursquare-to-boost-business-2010-3

네이빈 셀버두레이와 데니스 크로울리

포스퀘어는 등록된 사용자가 특정 장소나 건물을 방문해 스마트폰의 포스퀘어 앱을 통해 체크인Check-In을 하면 GPSGlobal Positioning System로 현재 위치를 인식하여 foursquare.com에 정보를 갱신하고, '내가 어디에 있고, 어디를 다녀갔다'는 자신의 위치, 관련 장소에 관한 각종 정보를 친구들과 공유하는 서비스이다. 여기서 사용자는 체크인에 대한 보상으로 점수Point를 부여 받는데, 사람들은 '모바일 땅따먹기'라는 별칭으로 통하는 단순한 규칙에 재미를 느끼고 이내 중독되고 있다.

자료원 : http://foursquare.com/

포스퀘어 메인페이지 모습

포스퀘어 가입자는 2010년 7월 기준으로 180여만명에 이르며, 하루 평균 접속자도 30만 명에 달하고, 초당 평균10개 이상의 체크인

이 발생하고 있다. 또한, 인터넷 포털 기업인 야후Yahoo는 1억 달러
약 1,200억원에 포스퀘어의 인수를 검토하고 있고, 실리콘밸리 벤처 캐
피털 회사인 안드레센 호로위츠는 2010년 6월에 2,000만 달러약
240억원를 포스퀘어에 실제로 투자했다. 포스퀘어의 잠재력을 느끼
게 해 주는 대목이다.

포스퀘어 개요

창업자	데니스 크롤리, 나빈 셀바두레이
창업일	2009년 3월
가입자	180만 명
제휴사	스타벅스 등 1만 개사
투자유치실적	2009년 9월 135만 달러 2010년 6월 2,000만 달러
기업가치	10억 달러

자료원 : http://www.hankyung.com/news/app/newsview.php?aid=2010070722141

포스퀘어의 비즈니스

포스퀘어를 사용하려면 아이폰이나 안드로이드폰 등 GPS 기능을
탑재한 자신의 스마트폰에 포스퀘어 앱을 다운받아야 한다. 그리고
사용자가 자주 방문하는 레스토랑, 커피숍, 영화관, 공원, 박물관
등을 등록한다. 이후에 사용자가 특정한 장소를 방문하면, 사용자
는 해당 장소에서 스마트폰의 포스퀘어 앱을 이용해 체크인을 버튼
을 누른다. 그러면 포스퀘어는 스마트폰의 GPS 기능을 이용하여

사용자의 위치를 인식하고 스마트폰의 지도에 현재 위치를 표시해 준다. 이때 사용자는 방문 장소에 대한 후기도 간단하게 남길 수 있고, 트위터와 페이스북으로 메시지를 보낼 수도 있다.

한편, 포스퀘어는 사용자가 체크인을 할 때마다 점수를 부여한다. 그것은 한 장소에서 가장 많이 체크인한 사용자가 가장 점수가 높다는 것을 의미한다. 포스퀘어는 특정 장소의 최고점수 사용자에게 시장Mayor이라는 호칭을 부여한다. 시장 호칭 부여 조건은 단 한가지, 포스퀘어 웹사이트에 자신의 얼굴사진을 등록하는 것이다.

최근에는 스웨덴 스톡홀름 대학의 파이스퀘어φ^2 프로젝트팀 http://phi2.mobilelifecentre.org이 특정 장소에 방문한 사용자가 해당 장소의 2차원 바코드QR코드를 안드로이드폰에 미리 내려받은 '파이스퀘어 스캐너' 앱으로 스캔하면 바로 체크인이 완료되는 서비스를 개발하였다.

자료원 : http://phi2.mobilelifecentre.org/

QR코드 모습

포스퀘어 비즈니스의 성공비밀

포스퀘어는 규칙이 간단하다. 사용자가 방문한 장소에서 체크인을 하면 포스퀘어는 점수로 보상하고, 특정장소에 대한 점수가 가장 높은 사용자가 시장이라는 호칭을 부여 받는다. 이것은 만약 누군가가 특정장소의 시장 자리를 뺏고 싶으면 기존의 시장보다 체크인을 더 많이 하거나 또는 기존에 존재하는 장소 말고 새로운 장소를 찾아서 등록하고 체크인하면 시장이 될 수 있다는 것을 의미한다. 틀림없는 '땅따먹기'다.

포스퀘어 사용자들은 땅따먹기 개념과 비슷한 그런 단순한 규칙에서 재미를 느끼고 이내 중독되었다. 그리고 그들은 자신의 현재 위치를 체크인하여 포스퀘어에 계속 갱신하고 있다. 그들은 이를 통하여 자신이 과거에 어디를 갔었고 현재는 어디에 있는지를 친구들에게 공유하고 있다.

지금까지 기업들은 사용자들의 위치 정보를 기업활동에 이용하고 싶어했지만, 사용자들은 개인정보 유출, 사생활 보호 문제 등을 우려하여 자신의 위치정보 공개에 매우 소극적이었다. 그런데 포스퀘어가 '어떤 바보가 자기 위치를 알리겠는가'라는 기존의 상식을 보기좋게 뒤엎었다. 포스퀘어는 트위터, 페이스북 등 소셜 네트워크 서비스와 연계하여 친구들에게 자신이 어디 있는지를 쉽게 알려주는 서비스로 사용자들이 자발적으로 자신의 위치 정보를 제공하게

만들었다. 아니 포스퀘어 사용자들은 일부러 자신의 위치를 노출시
킨다.

이것은 매우 중요한 의미를 갖는다. 왜냐하면 전 세계적으로 수집
되고 있는 엄청난 양질의 지역 데이터는 마케팅이나 광고에서 중요
한 역할을 할 수 있기 때문이다. 이제 사용자의 방문 시간, 성별,
행동 등을 알 수 있는 데이터를 보유한 포스퀘어는 비즈니스 업체
들에게 점점 더 매력적이다. 따라서 포스퀘어 비즈니스의 성공 비
밀은 재미와 중독성에 있다고 말할 수 있다.

여러분은 포스퀘어의 미래를 어떻게 예상하시나요?

내용확인문제 정답

1. 인터넷(Internet)에서 따온 '넷(Net)' + 영화를 의미하는 '플릭스(Flix)'
2. 마르크 랜돌프(Marc Randolph), 리드 헤스팅스(Wilmot Reed Hastings, Jr.)
3. 캘리포니아주
4. 블록버스터(Blockbuster Inc.)
5. 우편
6. 인스턴트 큐(Instant Queue)
7. 시네매치, 재고
8. 스터퍼(stuffer)
9. 레드박스
10. 트로틀링(Throttling)

서비스 산업의 이해

1. 서비스업
2. 스마일 곡선(Smile Curve)
3. 혁신 주도 경제
4. 미국
5. 무형성(Intangibility), 비분리성(Inseparability), 이질성(Heterogeneity), 소멸성(Perishability)
6. 서비스 시스템(Service System)
7. 시간적 확장 사례, 공간적 확장 사례, 시간적 재배치 사례, 공간적 재배치 사례
8. 코닥(Kodak)
9. GM(General Motors)

애플 사례

1. 스티브 워즈니악, 로널드 웨인

2. 스티브 잡스, 스티브 워즈니악, 로널드 웨인
3. 맥킨토시
4. 존 스컬리
5. 넥스트(NeXT)사, 픽(Pixar)사
6. 1, 임시 CEO
7. 아이팟, 아이튠즈 뮤직 스토어(iTunes Music Store)
8. 애플, 아이폰
9. 2010
10. 하키퍽이 있던 곳이 아니라 가야할 곳으로 스케이팅 한다
11. 표준화, 개인화
12. 알비

공급망관리의 이해

1. 공급망관리(Supply Chain Management: SCM)
2. 연계, 통합, 하나의 시스템
3. 제품(Box), 대금(Bucks), 정보(Byte)
4. 채찍효과(Bullwhip Effect)
5. 정보공유
6. Vendor-Managed Inventory
7. Collaborative Planning, Forecasting Replenishment
8. 크로스도킹(Cross-Docking)
9. 비용절감, 수익증대
10. Pull
11. SCOR(Supply Chain Operations Reference), 공급망협회(Supply Chain Council: SCC)
12. MTS(Make-to-Stock: 비축생산 또는 계획생산)

협상의 이해

1. 조정과 절충
2. 협상, 협상력
3. 정보, 시간, 힘

4. 선례
5. 쉬운
6. 주장(Position), 욕구(Interest)
7. 배트나(BATNA; Best Alternative To Negotiated Agreement)

구글 사례

1. 래리 페이지(Lawrence "Larry" Page), 세르게이 브린(Sergey Mikhaylovich Brin)
2. 구골(Googol)
3. 구글플렉스(Googleplex)
4. 스탠퍼드대학교
5. 페이지랭크(PageRank)
6. 엘리베이터 피치(Elevator Pitch), 앤디 벡톨샤임(Andy Bechtolsheim)
7. 크레이그 실버스타인(Craig Silverstein)
8. 에릭 슈미트(Eric Emerson Schmidt)
9. 오버츄어(Overture)
10. 악해지지 말라(Don't be evil)
11. 애드워즈(AdWords), 애드센스(AdSense)
12. 애드센스
13 20% 타임제 또는 20% 프로젝트

인터넷 광고의 이해

1. 디스플레이, 키워드
2. CPC(Cost Per Click), CPM(Cost Per Millennium)
3. T&D(Title & Description)
4. 오버추어

참고문헌

David Blanchard(동북아물류혁신클러스터 역), 사례를 통해 배우는 공급망관리의 모범적 실행 방법론, 범한, 2007

Sawhney, M., Balasubramanian, S., & Krisnan, V. V., "Creating Growth with Services", MIT Sloan Management Review, 2004(Winter)

감덕식, 애플 혼하이를 통해 본 제조모델 변화의 바람, LG경제연구원, 2010

기획재정부, 2단계 서비스산업 선진화 방안, 2008

김남영, 공급사슬관리: Lean 접근법, 경문사, 2007

김휘석, 서비스화를 통한 국내 주력산업의 신성장전략, 산업연구원, 2008

나이토 요시히토(고은진 역), 교섭력: 고수가 알려주는 협상의 기술 46, 시그마북스, 2008

남기찬 외 2인, 서비스력: 고객이 고객을 부르는 창조 경영의 핵심전략, 동아일보사, 2010

다케우치 가즈마사(이수경 역), 스티브잡스의 신의 교섭력, 에이지21

리처드 셸(박헌준 역), 세상을 내 편으로 만드는 협상의 전략, 김영사, 2006

마티아스 호르크스 외 3인(박희라 역), 미래에 집중하라, 비즈니스북스, 2009

베니야만(서상원 역), 유럽에 빠지는 즐거운 유혹, 스타북스, 2006

안재민, 미국 및 국내 트위터 이용 현황, 방송통신정책, 2009

원석희, 서비스 운영관리(개정 2판), 형설출판사, 2010

윌리엄 더건(윤미나 역), 제7의 감각: 전략적 직관, 비즈니스맵, 2008

윌리엄 C. 테일러 외 1인, 창조형 리더는 원칙을 배반한다, 뜨인돌,
　　　2008

이시환, 인터넷광고 기획실무 스타일가이드, 비비컴

이영환, 시스템 분석 및 설계(증보판), 법영사, 1993

임백준, 프로그래밍은 상상이다, 한빛미디어, 2008

임원기, 네이버 성공 신화의 비밀, 황금부엉이, 2007

장영재, 경영학 콘서트, 비즈니스북스, 2010

장유엔창(하진이 역), 창조경영 구글 : 세상을 바꾸는 게 구글의 목표
　　　다, 머니플러스, 2010

장정훈, 네이버 스토리, 뉴런, 2007

정석용외 7인, DACUM 기법을 적용한 NHN서비스(주) 교육과정 및
　　　교재 개발, 동양미래대학, 2009

정지훈, 제 4의 불: 휴먼에너지, 미래를 이끌어 갈 원동력, 열음사,
　　　2010

최정욱, 기업경쟁력 창출을 위한 구매관리, 박영사, 2009

켄 올레타(김우열 역), 구글드: 우리가 알던 세상의 종말, 타임비즈,
　　　2010

하버드 경영대학원, 하버드식 협상의 기술, 청림출판, 2010

한동철, 공급사슬관리 SCM, 시그마인사이트, 2002

함용석, 가치사슬혁신을 통한 공급사슬관리, 두남, 2010

황농문, 몰입 Think hard!: 인생을 바꾸는 자기 혁명, 랜덤하우스,
　　　2007

넷플릭스·애플·구글의
성공비밀 엿보기
P E E P 피프

초판 1쇄 발행 / 2010년 9월 20일

지은이 / 이종만
펴낸이 / 이병덕
펴낸곳 / 도서출판 정일
등록날짜 / 1989년 8월 25일
등록번호 / 제 3-261호
주소 / 서울시 은평구 역촌동 64-51
전화 / 02) 352-9152(대)
팩스 / 02) 352-2101

copyright©jungil Publishing Co.